BASISWISSEN FIT IM JOB

STRESS REDUZIEREN

TIM HINDLE

DORLING KINDERSLEY

DORLING KINDERSLEY

Projektbetreuung Sasha Heseltine
Redaktion Marian Broderick, David Tombesi-Walton
Gestaltung Elaine C. Monaghan, Austin Barlow
Redaktionsassistenz Felicity Crowe
Designassistenz Laura Watson
DTP-Design Jason Little
Herstellung Alison Jones

Reihenbetreuung Jane Simmonds
Reihenbildbetreuung Jayne Jones

Cheflektorat Stephanie Jackson
Chefbildlektorat Nigel Duffield

Die Deutsche Bibliothek – CIP-Einheitsaufnahme
Ein Titeldatensatz für diese Publikation ist bei Der Deutschen Bibliothek erhältlich.

Titel der englischen Originalausgabe: Reducing Stress

Übersetzung Erwin Peters, Helmut Reuter und Wolfgang Rhiel für Redaktionsbüro Dr. Karl-Heinz Ludwig, München
Redaktion Brigitte Maier, Text & Konzept, München
Satz Wolfgang Lehner, München

ISBN 3-8310-0345-9

Printed in Hong Kong by Wing King Tong

Besuchen Sie uns im Internet
www.dk.com

INHALT

MIT ARBEITSSTRESS UMGEHEN

ZU HAUSE AKTIV WERDEN

EINLEITUNG

Stress betrifft uns wahrscheinlich alle irgendwann im Leben. Wenn man weiß, wie man auf dem Weg zu seinen beruflichen Zielen Stress abbauen kann, kommt man diesen Zielen sehr viel näher, ohne gesundheitlichen Schaden zu nehmen. In diesem Buch finden Sie Ratschläge, wie Sie mit Stress im Alltag fertig werden oder ihn ganz vermeiden. Ob Arbeitsüberlastung oder der überquellende Schreibtisch – durch Details lernen Sie, den Stressfaktor am Arbeitsplatz zu reduzieren. Sie erfahren, wie man die Stressursachen analysieren, die Symptome erkennen und beurteilen kann, wie Stress auf Sie und andere wirkt. 101 nützliche Tipps geben Informationen zum Stressabbau. Mit einem Test können Sie feststellen, wie belastbar Sie sind.

STRESS DURCHSCHAUEN

Stress wird auch »die unsichtbare Krankheit« genannt. Diese Krankheit kann Sie, Ihr Unternehmen und jeden Mitarbeiter befallen. Niemand sollte Stress unterschätzen.

WAS IST STRESS?

Dann und wann erlebt jeder von uns Stress. Nützlicher Stress kann jemanden zum Olympiasieger machen, schädlicher Stress dagegen kann Menschen zur völligen Verzweiflung bringen. Solch eine starke Kraft sollte stets ernst genommen werden.

1 Lernen Sie, die Warnsignale zu erkennen, und handeln Sie danach.

UNTERSUCHUNG DER STRESSWIRKUNGEN

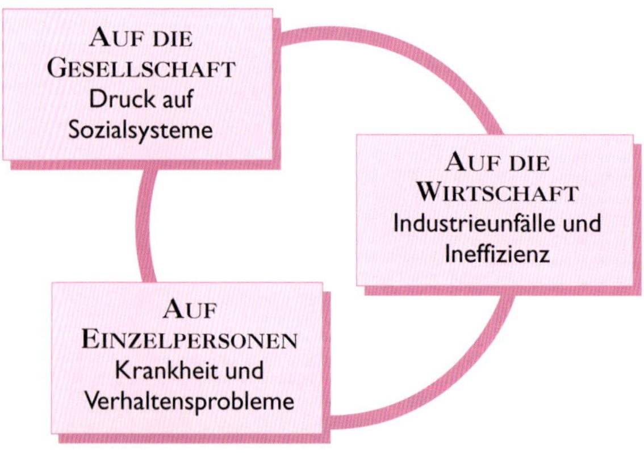

DEFINITION

Stress beim Menschen wird definiert als Störung, die sein geistiges und körperliches Wohlergehen beeinträchtigt. Stress tritt auf, wenn der Körper über seine normale Leistungsfähigkeit hinaus beansprucht wird. Die Auswirkungen von Stress sind für Menschen, Familien und Gesellschaft genauso schädlich wie für Organisationen, die unter »Betriebsstress« leiden können.

> **2** Scheuen Sie sich nicht, über Ihr Stressempfinden zu sprechen.

WIRKUNG AUF DIE GESELLSCHAFT

Die gesellschaftlichen Kosten von Stress sind bereits hoch – und steigen weiter. Wir alle tragen die Kosten für Gesundheitsfürsorge für Stressgeschädigte, Renten für stressbedingte Frühpensionäre und Invaliditätsrenten nach stressbedingten Unfällen. Stress macht die Menschen außerdem oft reizbar, was die Lebensqualität aller beeinträchtigt.

WIRKUNG AUF UNTERNEHMEN

Stress kostet die Wirtschaft jährlich Milliarden – durch Fehlzeiten und verringerte Leistung derer, die zwar körperlich anwesend, aber geistig abwesend sind. 60 Prozent aller Fehlzeiten in Unternehmen sind nach Schätzungen stressbedingt. Alles, was die schädliche Wirkung von Stress verringern kann, macht die Beschäftigten zufriedener und produktiver – und die Unternehmen erfolgreicher.

> **3** Gehen Sie spazieren, wenn Sie gestresst sind – das baut Sie auf.

WIRKUNG AUF DEN KÖRPER

Gerät der menschliche Körper unter physischen oder psychischen Druck, erhöht er die Produktion der Hormone Adrenalin und Kortisol. Diese beiden Hormone schlagen »Alarm« im Körper: Die Herzfrequenz steigt drastisch an, der Blutdruck erhöht sich und die Atmung wird schneller. Durch diesen uralten Fluchtreflex funktioniert der Körper besser, aber nur für kurze Zeit. Bleibt dieser Stresszustand länger erhalten, drohen Schäden.

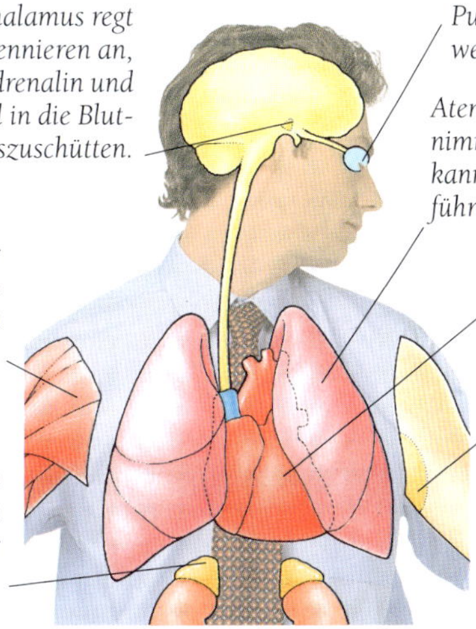

▲ **STRESSSYMPTOME**
Die Stresssymptome können den gesamten Körper betreffen, vor allem die Herzfunktion und das Atemsystem.

4 **Gewöhnen Sie sich nicht an, Arbeit mit nach Hause zu nehmen.**

STRESS UND PSYCHOSOMATIK

Psychologische Störungen wie Panikanfälle und zwanghaftes Verhalten nehmen mit der Ausbildung von langfristigem Stress zu. Sorgen können sich derart steigern, dass sie als angstvolle, schmerzliche, körperliche Empfindung auftreten, die als Herzanfall fehlgedeutet werden kann. Menschen, die längere Zeit unter Stress stehen, neigen eher zu irrationalen Ängsten und können depressiv, wütend oder gereizt werden.

WIRKUNG AUF DAS KÖRPERLICHE WOHLERGEHEN

Lang anhaltender Stress ist eine der häufigsten Ursachen vieler und weit verbreiteter Leiden, darunter Bluthochdruck und Herzerkrankungen. Man nimmt heute an, dass Langzeitstress auch das Risiko psychischer Störungen erhöht. Stressbedingte Verhaltensänderungen wie Alkohol- oder Drogenmissbrauch werden mit einer merklichen Abnahme der körperlichen Gesundheit in kausale Verbindung gebracht.

Bei extrem hohem Stress ist die Gefahr der Alkoholabhängigkeit sehr groß. Neben größeren körperlichen Gesundheitsproblemen durch übermäßiges Trinken kann Alkoholmissbrauch auch zu angespannten und damit stressigen persönlichen Beziehungen führen. Alkoholbedingte Abwesenheit vom Arbeitsplatz kostet die Wirtschaft nach Schätzungen jährlich viele Milliarden.

Rezeptpflichtige Medikamente wie z. B. Beruhigungsmittel können Angstsymptome zwar kurzfristig beseitigen, aber auch abhängig machen und Nebenwirkungen haben, wie Konzentrationsschwäche, schlechte Koordinierung und Benommenheit. Beruhigungsmittel sind an sich nicht geeignet gegen Stress, da sie nicht gegen die wirklichen Ursachen vorgehen.

WIRKUNG AUF EMOTIONEN

Wer unter Stress steht, gibt sich sehr viel eher Verhaltensmustern hin, die ihn selbst, den Arbeitgeber und die Gesellschaft viel kosten. Typische Symptome wie Stimmungsschwankungen und sprunghaftes Verhalten können Kollegen, Freunde und die Familie entfremden. Manchmal kann das einen Teufelskreis aus schwindendem Selbstvertrauen einleiten und zu ernsthafteren emotionalen Schwierigkeiten und Depressionen führen.

5 **Registrieren Sie veränderte Ess- und Trinkgewohnheiten.**

WIRKUNG AUF ENTSCHEIDUNGEN

Stress kann schnell dazu führen, dass jemand die Fähigkeit zu vernünftigen Entscheidungen verliert, vor allem wenn sein Selbstvertrauen versagt. Das beeinträchtigt Gesundheit, Familie und Beruf gleichermaßen, denn Stress in einem Lebensbereich erfasst zwangsläufig auch andere. Fehlentscheidungen im Betrieb und zu Hause können zu Unfällen oder Streit, finanziellen Verlusten oder gar dem Verlust des Arbeitsplatzes führen.

6 Machen Sie den Mund auf – haben Sie keine Angst, Ihrem Chef zu sagen, was im Büro vorgeht.

NICHT VERGESSEN

- Stress kann töten. In Japan gibt es sogar ein Wort dafür: *karoshi* – Tod durch Stress wegen zu viel Arbeit.
- Unter Stress zu leiden sollte nicht als Zeichen von Schwäche betrachtet werden.
- Stress steckt an. Es ist anstrengend, mit Leuten zu leben und zu arbeiten, die unter Stress leiden.
- Stress entsteht durch hohe Anforderungen im Leben, dazu massive Beschränkungen und wenig Hilfe von Kollegen und Freunden.
- Es gibt kein Patentrezept für ein stressfreies Leben, wohl aber Methoden zur Verringerung von Stress.

WIRKUNG AUF DIE FAMILIE

Stress kann Familien zerrütten. Die hohen Scheidungsraten im Westen sind zum Teil Folge des rasch zunehmenden Stresses am Arbeitsplatz, vor allem wenn beide Partner ganztags arbeiten. Es ist schwer, Kraft für Familie und Freunde zu finden, wenn die Arbeit sehr anstrengend ist oder man Angst hat, den Job zu verlieren.

Wenn Kinder da sind, kann Stress zu einem Konflikt zwischen Fürsorge und Beruf führen. Auch wenn die langfristigen Auswirkungen von Trennung oder Scheidung auf Kinder umstritten sind, wird man damit keine Generation stressfreier Menschen heranziehen. Privates und berufliches Leben müssen ausgewogen nebeneinander stehen.

◀ **PRIORITÄTEN SETZEN**
Stress entsteht, wenn man zwischen gegensätzlichen Forderungen keine Balance findet. Schwierige Arbeitsverpflichtungen, soziales Leben und Kinderfürsorge können bedeuten, dass für keinen Bereich genügend Kraft bleibt.

STRESS BEI DER ARBEIT

Veränderungen beim Arbeitsablauf, wie die Einführung einer neuen Technologie, können Stress verursachen. Stress kann auch in eine Unternehmensstruktur eingebaut sein. Betrieblicher Stress lässt sich an Fehlzeiten und der Qualität der Arbeit messen.

7 Wenn Sie sich das nächste Mal überlastet fühlen, delegieren Sie eine Aufgabe.

8 Lernen Sie von denen, die nicht unter Stress leiden.

9 Arbeiten Sie nicht spätabends und an den Wochenenden.

BETRIEBLICHER STRESS

Stress berührt Unternehmen ebenso wie die darin Beschäftigten. Ein Unternehmen mit hohen Fehlzeiten, rascher Fluktuation, schlechten Branchen- und Kundenbeziehungen, negativer Sicherheitsbilanz oder mangelhafter Qualitätskontrolle leidet unter betrieblichem Stress. Die Ursachen können von unklaren Stellenbeschreibungen über mangelnde Kommunikation bis zu schlechten Arbeitsbedingungen reichen. In einem schlechten Arbeitsumfeld führen fehlende Lüftung, unzureichende Beleuchtung und mangelhafte Schallisolierung ständig zu einem hohen Krankenstand.

KOSTEN DURCH STRESS AM ARBEITSPLATZ

Stress bringt Probleme und diese Probleme verursachen verschiedene Kosten:

- Schlechte Servicequalität: Beschwerden und Kundenschwund kosten Zeit und Geld. Beschwerden brauchen Zeit zum Bearbeiten, Ersatzprodukte oder Serviceleistungen kosten Geld. Kundenschwund gefährdet ein Unternehmen.
- Hohe Fluktuation: Man wendet Zeit (für Umschulung) und Geld (für Einstellungen) auf, um unzufriedene Arbeiter zu ersetzen.
- Schlechter Ruf: Ein Unternehmen mit unzufriedenen Kunden muss zahlen, um das Vertrauen in seine Produkte und Dienstleistungen wiederherzustellen.
- Schlechtes Betriebsbild: Eine Firma stellt vielleicht nur schlecht qualifizierte oder unerfahrene Mitarbeiter ein, weil sie für gute Arbeitskräfte unattraktiv ist.
- Unzufriedene Mitarbeiter: Wertvolle Zeit geht bei Kontroversen über die Beschäftigungsbedingungen verloren.

◀ DEM STRESS IM UNTERNEHMEN AUF DER SPUR

Diese Darstellung zeigt ein Beispiel, wie in einer Abteilung typische Ursachen für Stress aufgebaut werden. Allgemeiner Stress kann Einzelne besonders betreffen oder alle gleichermaßen. Stress steckt an: Wer stressbedingt schlechte Arbeit leistet, erhöht den Druck auf seine Kollegen, Vorgesetzten und Untergebenen.

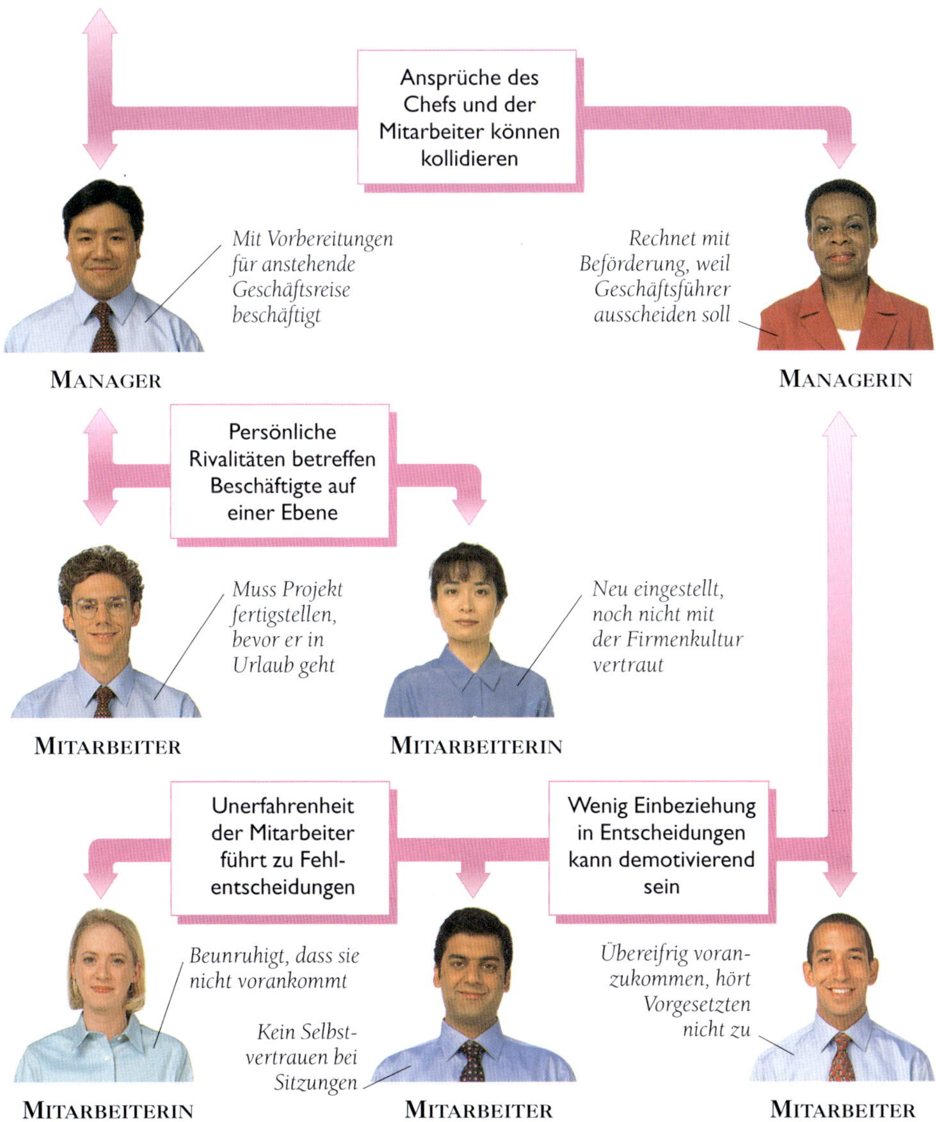

SYMPTOME ERKENNEN

Stress ist nicht an nur einem Symptom auszumachen – sowohl gestresste wie nicht gestresste Personen können herzkrank sein oder zu viel trinken. Aber bei allen gestressten Menschen sind mehrere Symptome gleichzeitig zu bemerken.

10 Wenn Sie regelmäßig Kopfschmerzen haben, gehen Sie zu einem Arzt.

KÖRPERLICHE ANZEICHEN

Einige körperliche Stresssymptome wie Bluthochdruck und Herzerkrankungen können lebensbedrohend sein. Zu den anderen bedrohlichen Anzeichen gehören Schlaflosigkeit, ständige Müdigkeit, Kopfschmerzen, Hautausschlag, Verdauungsstörungen, Magengeschwüre, Dickdarmentzündung, Appetitlosigkeit, unmäßiges Essen und Krämpfe. Viele Symptome treten erst lange nach den stressigen Ereignissen auf. Andere Symptome sind unmittelbar – z. B. Übelkeit, Atemlosigkeit oder ein trockener Mund. All das kann natürlich auch andere Ursachen haben. Wenn Sie z. B. zu Kopfschmerzen neigen, ziehen Sie daraus keine voreiligen Schlüsse über Stress.

11 Notieren Sie alles, was Ihnen hilft zu entspannen.

ANZEICHEN ERKENNEN
Es ist oft ganz leicht, bei Arbeitskollegen Anzeichen von Stress zu erkennen. Zu den häufigeren Symptomen gehören deutliche Vernachlässigung des Äußeren, heftiges Aufbrausen, veränderte Essgewohnheiten und ein Rückzug von geselligen Aktivitäten.

EMOTIONALE ANZEICHEN

Zu den emotionalen Stresssymptomen gehören allgemeine Gereiztheit, akute Angstanfälle, Depression, mangelnde Libido, Humorlosigkeit und die Unfähigkeit, sich auf einfachste Routinearbeiten zu konzentrieren. Um Stress bei sich und anderen zu erkennen, sollten Sie ungewöhnliche emotionale Reaktionen und Verhaltensänderungen verstehen. Häufige Anzeichen für Stress sind:

- Unnötige Emotionalität oder Aggressivität.
- Verlust des Interesses am eigenen Äußeren, an anderen Menschen, sozialen Ereignissen oder bisherigen Vorlieben.
- Konzentrations- und Erinnerungsschwierigkeiten, Unfähigkeit, Entscheidungen zu treffen.
- Traurigkeit, Schuldgefühle, Müdigkeit, Niedergeschlagenheit und das ausgeprägte Gefühl der Hilflosigkeit oder des Scheiterns.
- Verlust des Vertrauens in die eigenen Fähigkeiten, Mangel an Selbstwertgefühl.

12

Hören Sie möglichst genau auf Ihren Körper.

NICHT VERGESSEN

- Familie, Freunde und Kollegen bemerken Stressanzeichen oft eher als der Betroffene selbst.
- Hobbys und private Interessen heitern auf. Wenn sie plötzlich fehlen, kann das den Stress verstärken.
- Fast jeder hat bestimmte Schwächen, die bei Stress zutage treten. So fängt z. B. der eine wieder an zu rauchen, der andere greift zum Alkohol.

VERHALTENSMERKMALE

Kurzfristig verfallen viele als Abhilfe gegen den Stress in übermäßiges Essen, Rauchen, Trinken oder Geldausgeben. Stress kann aus einem Gelegenheitsraucher einen Kettenraucher machen und den geselligen Trinker zum Alkoholiker. Der Einzelne merkt vielleicht gar nicht, dass er sich treiben lässt. Wer es doch merkt, hält sein selbstzerstörerisches Verhalten möglichst lange verborgen.

Der Alkoholkonsum kann unmerklich steigen.

Schokolade liefert ein kurzfristiges Zucker-Hoch.

Koffeinkonsum kann schnell steigen.

Rauchen kann mit dem Stress zunehmen.

SCHÄDLICHE AUFPUTSCHMITTEL

Zucker, Alkohol, Nikotin und Koffein können Angst, Müdigkeit oder Anspannung vertreiben – aber nur kurz. Übermäßiger Genuss verstärkt Symptome.

STRESS MESSEN

Es gibt eine Anzahl von Tatbeständen, die man quantifizieren und zum Messen des Stressniveaus verwenden kann. Sie unterscheiden sich je nachdem, ob der Stress beim Individuum, einem Unternehmen oder in der Gesellschaft allgemein gemessen wird.

13 Fragen Sie sich, ob andere die Arbeit mit Ihnen anstrengend finden.

DIE STATISTIK

Eine sehr nützliche Informationsquelle über Stress in der Gesellschaft ist die Statistik – z. B. die Zahl der Herzinfarkte und Selbstmorde pro Jahr. Änderungen über einen längeren Zeitraum sind hier besonders signifikant, da sie Trends anzeigen. Eine Zunahme der Herzinfarkte oder Selbstmorde ist normalerweise ein Indiz für eine soziale Ursache des Stresses, wie verbreitete Arbeitslosigkeit oder allgemeine wirtschaftliche Notlagen.

14 Notieren Sie sich die Tage mit starkem Stress.

STRESS BEIM EINZELNEN MESSEN

Auch wenn Stress individuell bis zu einem gewissen Grad an der Herzfrequenz und dem Adrenalinausstoß gemessen werden kann, geht es doch eher darum, wie sehr jemand körperlich »neben sich steht«. Da jeder einen anderen Puls oder Blutdruck hat, gibt es keine statistischen Durchschnittswerte für Stress. Außerdem reagiert jeder auf Stress anders. Beim einen kann Stress sich in Angstanfällen, Kopfschmerzen oder Magenverstimmung äußern. Andere leiden unter Schlaflosigkeit oder dem Verlust der Selbstachtung. Man glaubt auch, dass Männer und Frauen unterschiedlich reagieren. Wo Frauen sich vielleicht zurückziehen, emotional labil und depressiv werden, werden Männer eher aggressiv, gereizt oder abhängig.

STRESS STATISTISCH

Folgende Zahlen belegen einige der Auswirkungen von Stress:

- Die Hälfte aller frühzeitigen Todesfälle in den USA ist vermutlich stressbedingt.
- In der EU erkranken jährlich zehn Millionen Menschen an Berufskrankheiten.
- In Norwegen verschlingen Berufskrankheiten zehn Prozent des Bruttosozialprodukts.
- In Großbritannien gehen jährlich 180 Millionen Arbeitstage durch Stress verloren.

STRESS IN UNTERNEHMEN MESSEN

Unternehmen und andere Organisationen haben einige allgemein anerkannte quantitative Messverfahren für das Stressniveau. Die Fehlzeitenquote ist das bekannteste, d. h. der Prozentsatz der Beschäftigten, die irgendwann nicht am Arbeitsplatz sind. Man kann daraus jedoch nicht schließen, dass das Unternehmen mit den meisten Fehlzeiten auch den meisten Stress hat; bestimmte Branchen neigen, z. B. verletzungsbedingt, zu höheren Fehlzeiten. Unternehmen leiden auch unter der Anwesenheit von unzufriedenen oder erschöpften Beschäftigten, die genauso nutzlos sind wie fehlende. Vermehrt entscheiden sich Stresskranke, zur Arbeit zu gehen, statt zu Hause zu bleiben.

15 Leisten Sie sich etwas Besonderes, was Sie sonst nicht kaufen würden.

16 Stellen Sie Ihren Schreibtisch nah ans Fenster.

DAS STRESSNIVEAU MESSEN

STRESSARTEN	WELCHE ELEMENTE SIND MESSBAR
SOZIALER STRESS Er tritt in der Gesellschaft auf und äußert sich in vielen Bereichen des allgemeinen Verhaltens.	• Unerwartete Änderungen der Kriminalitätsrate. • Arbeitslosenzahlen unter spezieller Berücksichtigung der Gebiete, wo Arbeitslosigkeit besonders verbreitet ist. • Unterrichtsergebnisse, insbesondere an Schulen in ländlichen und sozial schwachen städtischen Gebieten. • Umfang der Ein- und Auswanderung.
PERSÖNLICHER STRESS Er bewirkt, dass Einzelpersonen die Kontrolle über sich verlieren und sich nicht mehr vernünftig betätigen können.	• Dauernde Schlaflosigkeit. • Hautausschlag, Krämpfe, Kopfschmerzen oder sonstige körperliche Symptome unklaren Ursprungs. • Veränderte Essmuster. • Merklicher Anstieg des persönlichen Zigaretten-, Alkohol- und Medikamentenkonsums.
BETRIEBLICHER STRESS Er betrifft die allgemeine Arbeitsmoral einer Organisation und führt zu finanziellen wie persönlichen Problemen.	• Unerwartete Änderungen bei den Fehlzeiten der Beschäftigten. • Offensichtliche Verschlechterung der Produktionsqualität im Unternehmen. • Zahl der Arbeitsunfälle. • Zahl der arbeitsbedingten gesundheitlichen Klagen.

WIE GESTRESST SIND SIE?

Der erste Schritt im Kampf gegen den Stress ist, seine Existenz anzuerkennen – die Erkenntnis, dass Stress ein Problem ist, ist ein wichtiger Schritt. Messen Sie regelmäßig Ihr Stressniveau, indem Sie auf die folgenden Aussagen antworten. Kreuzen Sie die Option an, die Ihrer Erfahrung am nächsten kommt. Addieren Sie die Punkte und sehen Sie in der Auswertung nach, wie Sie abgeschnitten haben. Stellen Sie anhand Ihrer Antworten fest, wo und wie Sie etwas gegen Stress unternehmen müssen.

OPTIONEN

1 Nie

2 Gelegentlich

3 Oft

4 Immer

1 Ich gebe mir die Schuld, wenn bei der Arbeit etwas schiefgeht.

1 2 3 4

2 Ich unterdrücke meine Probleme und meine dann, platzen zu müssen.

1 2 3 4

3 Ich konzentriere mich auf meine Arbeit, um private Probleme zu vergessen.

1 2 3 4

4 Ich lasse Wut und Enttäuschung an meiner Umgebung aus.

1 2 3 4

5 Ich bemerke negative Veränderungen im Verhalten, wenn ich unter Druck stehe.

1 2 3 4

6 Ich sehe eher die negativen Seiten des Lebens als die positiven.

1 2 3 4

7 Ich fühle mich in neuen Situationen extrem unwohl.

1 2 3 4

8 Ich spüre, dass die Rolle, die ich im Unternehmen spiele, unbedeutend ist.

1 2 3 4

9 Ich komme zur Arbeit oder zu wichtigen Besprechungen zu spät.

1 2 3 4

10 Ich reagiere negativ auf persönliche Kritik.

1 2 3 4

11 Ich habe Schuldgefühle, wenn ich eine Stunde dasitze und nichts tue.

1 2 3 4

12 Ich komme mir gehetzt vor, auch wenn ich nicht unter Druck stehe.

1 2 3 4

13 Ich habe nicht genug Zeit, so oft Zeitung zu lesen, wie ich möchte.

1 2 3 4

14 Ich verlange immer sofort Beachtung oder Bedienung.

1 2 3 4

15 Ich vermeide es, meine Gefühle zu zeigen, bei der Arbeit und zu Hause.

1 2 3 4

16 Ich übernehme mehr Aufgaben, als ich bewältigen kann.

1 2 3 4

17 Ich nehme ungern Rat von Kollegen und Vorgesetzten an.

1 2 3 4

18 Ich achte nicht auf meine beruflichen oder körperlichen Grenzen.

1 2 3 4

19 Ich vermisse Hobbys und Interessen, weil die Arbeit mir keine Zeit lässt.

1 2 3 4

20 Ich gehe Situationen an, ohne sie vorher gründlich zu durchdenken.

1 2 3 4

21 Ich bin zu beschäftigt, mit Freunden unter der Woche essen zu gehen.

1 2 3 4

22 Ich drücke mich davor, schwierige Situationen anzupacken.

1 2 3 4

23 Die Leute nutzen mich aus, wenn ich nicht bestimmt auftrete.

1 2 3 4

24 Es ist mir peinlich zuzugeben, dass ich mich überlastet fühle.

1 2 3 4

25 Ich delegiere Aufgaben nicht gern an andere.

1 2 3 4

26 Ich nehme Aufgaben in Angriff, bevor ich Prioritäten setze.

1 2 3 4

27 Es fällt mir schwer, bei Bitten und Anforderungen nein zu sagen.

1	2	3	4

28 Ich meine, die anstehende Arbeit jeden Tag ganz erledigen zu müssen.

1	2	3	4

29 Ich glaube, nicht mit meiner Arbeit fertig zu werden.

1	2	3	4

30 Die Angst vor dem Scheitern hindert mich zu handeln.

1	2	3	4

31 Die Arbeit droht, Familie und Privatleben zu verdrängen.

1	2	3	4

32 Ich werde ungeduldig, wenn etwas nicht sofort geschieht.

1	2	3	4

AUSWERTUNG

Addieren Sie die Punkte, wenn Sie den Test ausgefüllt haben. Lesen Sie in der Auswertung nach, wie Sie abgeschnitten haben. Ganz gleich, wie niedrig Ihr Stressniveau ist, es ist bestimmt nicht optimal und kann weiter gesenkt werden. Identifizieren Sie Ihre Schwachstellen und lesen Sie besonders die Kapitel im Buch, in denen Sie praktische Ratschläge zum Zeitmanagement, Übungen gegen Nervosität und Anregungen zum Abbau von Stressursachen finden.

32–64 Sie handhaben Ihr Stressniveau sehr gut. Zu wenig Stress kann langweilig sein, bemühen Sie sich also um ein Gleichgewicht zwischen positivem und negativem Stress.

65–95 Sie haben ein recht stabiles Stressniveau, doch einiges bedarf der Verbesserung.

96–128 Ihr Stressniveau ist zu hoch. Sie müssen neue Strategien entwickeln, um es zu verringern.

STRESSURSACHEN ANALYSIEREN

Gesellschaft, Arbeitswelt und Alltagsleben haben sich in den letzten 50 Jahren grundlegend verändert. Diese Veränderungen haben den Stress deutlich ansteigen lassen.

VERÄNDERTE GESELLSCHAFT

Die Veränderungen der letzten Jahre waren gewaltig. Dazu gehören das rasche Bevölkerungswachstum, das Leben in der Stadt, die wachsende Zahl älterer Menschen und die neue Rolle der Frau. All diese Änderungen haben das Stressniveau erhöht.

17 Nutzen Sie die Fahrzeit, um Ihren Tag zu planen oder abzuschalten.

VERSTÄDTERUNG

Die stressigste Veränderung der letzten Jahrzehnte war die rasche Verstädterung. In einigen Industrieländern, wie in Deutschland und den Niederlanden, leben über 80 Prozent der Bevölkerung in Städten. Stress erwächst aus beengten Lebensumständen, der Nähe von Tausenden anderer Menschen, dem zunehmenden Verkehr sowie dem hohen Maß an Lärm und Luftverschmutzung.

◀ **BEVÖLKERUNGSWACHSTUM**
Es dauerte Tausende von Jahren, bis unser Planet eine Milliarde Menschen aufweisen konnte. Inzwischen wächst die Bevölkerung um eine Milliarde pro Jahrzehnt.

ALTERNDE BEVÖLKERUNG

Die Lebenserwartung steigt – die Menschen leben immer länger. Das ist die Folge besserer Ernährung und eines rasch gewachsenen medizinischen Wissens. Der Rückgang der Geburtenrate (vor allem in städtischen Gebieten) hat zur Folge, dass die Industriestaaten heute eine überalterte Bevölkerung haben – einen zunehmenden Anteil der über 60-Jährigen. Für den Einzelnen kann es belastend sein, wenn es zum Konflikt zwischen Berufsplänen und der Pflege älterer Verwandter kommt.

▼ VERÄNDERUNG DER WELTBEVÖLKERUNG

Die Schaubilder unten zeigen, wie sich das Durchschnittsalter der Weltbevölkerung in den letzten 50 Jahren geändert hat. Von 1950 bis 2000 hat sich die Bevölkerungspyramide auf den Kopf gestellt, die stärkste Reihe bilden heute die 50- bis 64-Jährigen statt die unter 30-Jährigen.

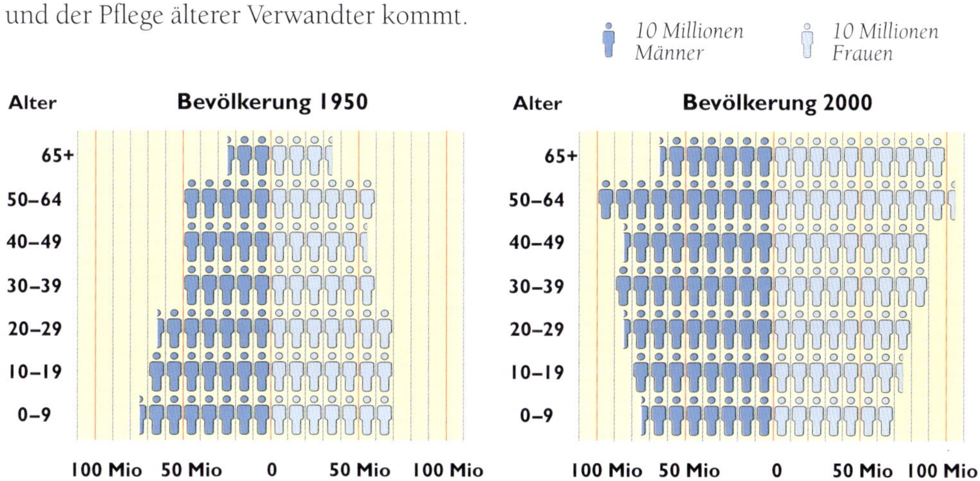

18 Verbringen Sie ein, zwei Stunden pro Woche allein, ohne Arbeit und Familie.

VERÄNDERTE GESCHLECHTERROLLEN

Die Rolle der Frau hat sich in den letzten 100 Jahren grundlegend geändert. Da Frauen den überwiegenden Teil der Arbeitskräfte stellen, werden sie nach den gleichen Kriterien beurteilt und unterliegen den gleichen Zwängen wie Männer. Da viele Frauen aber gleichzeitig die Verantwortung für Familie und Haushalt tragen, sind sie oft weitaus stärker belastet als ihre männlichen Kollegen. Veränderte Rollenmuster, bei denen Frauen in traditionelle Männerberufe vordringen, bedrohen zudem das männliche Selbstverständnis.

VERÄNDERTE STRUKTUREN

In den letzten Jahren haben viele Unternehmen neue Produkte oder Dienstleistungen eingeführt und alte abgeschafft. Veränderung ist für ein Unternehmen überlebenswichtig, aber für die Beschäftigten bringt sie oft Mehrarbeit oder eine ungewisse Zukunft.

19 **Nehmen Sie Veränderungen durch den Ausbau Ihrer Kenntnisse vorweg.**

DIE SPRACHE DES WANDELS

AKQUISITION: Der Erwerb der Mehrheitsbeteiligung durch ein Unternehmen an einem anderen.

ALLIANZ: Eine Verbindung zwischen zwei Unternehmen zum beiderseitigen Nutzen.

FLATTENING: Reduktion der Unternehmenshierarchie zur Steigerung der Produktivität.

FUSION: Der Zusammenschluss zweier oder mehrerer Unternehmen zu einem.

GLOBALISIERUNG: Produkte oder Dienstleistungen werden weltweit vermarktet.

PRIVATISIERUNG: Verkauf eines (Staats-)Betriebes an den privaten Sektor.

QUALITÄTSMANAGEMENT: Unternehmenssysteme zur Überwachung und Verbesserung der Produktqualität.

REENGINEERING: Totales Umgestalten betrieblicher Prozesse.

AUF DRUCK REAGIEREN

Der durch notwendige Kostensenkung und Produktivitätssteigerung verursachte Umbruch hat zwei Hauptgründe:

- Globalisierung setzt die lokalen Zulieferer einem scharfen Wettbewerb aus und führt zu aggressiven Kostensenkungen am Markt.
- Informationstechnologie hat das Tempo erhöht, mit dem viele geschäftliche Transaktionen vorgenommen werden. Damit wächst der Druck auf die Beschäftigten kontinuierlich.

UMDENKEN

Neuer Wettbewerb und der Zwang für die Unternehmen zu mehr Produktivität haben zu Strategien geführt, die Arbeitnehmer vermehrt unter Stress setzen. Fusionen und Übernahmen erfolgen in immer schnellerem Tempo und bringen im Allgemeinen den Verlust von Arbeitsplätzen mit sich. Wenn im Großunternehmen Schlüsselpositionen auf vielen Ebenen mehrfach besetzt sind, werden Entlassungen unausweichlich.

20 **Übernehmen Sie neue Führungsideen nur, wenn sie brauchbar sind – nie, weil sie Mode sind.**

VERÄNDERTE BETRIEBE

Bei der Suche nach Verbesserungen achten Unternehmen genau auf ihre Arbeitsweise – z. B. wie die Produktionsprozesse ablaufen und man Bestände kontrollieren kann. Viele Unternehmen experimentieren mit Umstrukturierungen und beziehen die Beschäftigten in die Kontrolle der Produktqualität ein. Auch die Einführung von Robotern an den Montagebändern hat viele ungelernte Arbeiter verdrängt, die die Massenproduktion einmal brauchte. Arbeit in der Fertigung wird anspruchsvoller und ist doch relativ isoliert und kontaktarm.

21 Schützen Sie Ihre Arbeit, indem Sie ihren Wert hoch halten.

NEUEN ARBEITSKULTUREN BEGEGNEN

Die Veränderungen der letzten Jahre in der Unternehmensstruktur haben die Arbeitskultur vieler großer und kleiner Firmen drastisch geändert. So haben z. B. Übernahmen altehrwürdiger Betriebe durch ehrgeizige und entschlussfreudige Unternehmer ganz andere Wertvorstellungen in die Betriebe gebracht. Die Privatisierungswelle hat staatseigene Betriebe zu Privatunternehmen gemacht, die dem Wettbewerb, der Umsatzrendite und der Gewinnmaximierung weitaus stärker verpflichtet sind als dem Erhalt von Arbeitsplätzen.

22 Nutzen Sie Seminare, um möglichst viel über neue Arbeitskulturen zu erfahren.

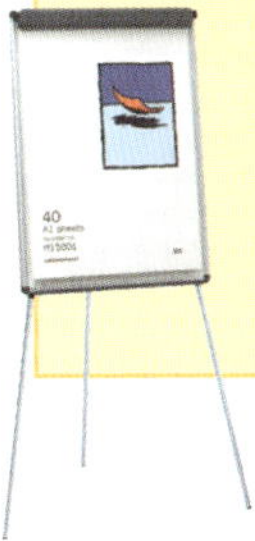

AN DIE GRENZEN GEHEN

All diese Veränderungen am Arbeitsplatz – technische, strategische, betriebliche und kulturelle – haben enorme Auswirkungen auf die Beschäftigten der betroffenen Unternehmen. Zahlreiche Studien haben ergeben, dass Menschen zwar belastbar sind, ihre Aufnahmefähigkeit für Veränderungen jedoch Grenzen hat. Wenn Unternehmen an die Grenzen gehen und sie ausweiten, werden sie vielleicht eines Tages feststellen, dass ihre Arbeiter den Anforderungen nicht mehr nachkommen können.

23 Arbeiten Sie mit Ihren Kollegen an der Anpassung an den Wandel.

VERÄNDERTE ARBEIT

Vorweggenommene Veränderungen erzeugen weniger Stress. Halten Sie mit den neuesten Trends Ihrer Branche Schritt, machen Sie sich mit neuer Technologie vertraut, eignen Sie sich so viele Fähigkeiten wie möglich an und nutzen Sie alle Möglichkeiten.

24 Seien Sie gegebenenfalls auch zu einem Berufswechsel bereit.

25 Gewinnen Sie beim Erlernen neuer Techniken langsam Vertrauen.

MÄRKTE NEU BEWERTEN

Die Fähigkeit, Veränderungen vorwegzunehmen, hängt davon ab, die veränderte Angebots- und Nachfragesituation auf dem Arbeitsmarkt zu erkennen. Das ist nicht einfach, denn allein der Vormarsch des Computers hat bewirkt, dass Wandel sehr viel schneller erfolgt als bisher. Es gibt jedoch einige wichtige Kommunikations- und Computertechnologien einschließlich Internet und Multimedia, die weit verbreitet sind und andere Entwicklungen anstoßen. Mit den Änderungen in diesen Technologien Schritt zu halten, kann die Berufsaussichten fördern und auch den Stress reduzieren.

TECHNOLOGIEN VERSTEHEN

Computer sind in fast keinem Arbeitsbereich mehr wegzudenken. Viele Topmanager, die über Kauf und Einsatz der Geräte entscheiden, wissen jedoch sehr wenig über die Möglichkeiten und den neuesten Stand der Technik. Kurse helfen Ihnen, Ihre Computerkenntnisse zu verbessern – nutzen Sie sie. Verschaffen Sie auch Ihren Mitarbeitern die Gelegenheit, ihre Fähigkeiten zu erweitern.

◀ **IM INTERNET SURFEN**
Der Vormarsch von E-Mail und Internet hat die Art, wie wir alle arbeiten, nachhaltig verändert.

DAS BÜRO VERLEGEN

Informationstechnologie macht das Arbeiten heute flexibler, da der Einzelne leichter entscheiden kann, wie und wo er arbeiten möchte. Wer für seine Arbeit nur Computer und Telefon braucht, kann ebenso gut in einer Flughafenlounge oder auf dem Rücksitz eines Autos arbeiten wie in seinem Büro. Viele Menschen arbeiten heute freiwillig zu Hause. So ersparen sie sich die üblichen Unterbrechungen, vermeiden den Stress des Pendelns und senken die Fahrtkosten. Alltagsarbeiten wie Einkaufen und Bankangelegenheiten werden immer häufiger per Computer vom »Büro zu Hause« erledigt.

26 Auch isoliertes Arbeiten zu Hause kann Stress verursachen.

ZU HAUSE ARBEITEN ▶
Richten Sie Ihr Büro daheim in einem eigenen Zimmer ein, das möglichst weit vom Wohn- und Schlafbereich entfernt ist, damit Sie die Arbeit abends hinter sich lassen können.

27 Trennen Sie zu Hause Arbeits- und Wohnbereich deutlich.

28 Es ist nie zu spät, etwas Neues zu lernen.

BERUFSVIELFALT

Eine Nebenwirkung der raschen Veränderungen am Arbeitsplatz ist die Chance, im Lauf eines Lebens mehrere Berufe zu ergreifen. Früher lernte man einen Beruf, den man dann das ganze Leben behielt. Heute wechseln Anforderungen so schnell, dass ein einziger Beruf eher die Ausnahme ist.

Anpassungsfähigkeit und Flexibilität sind unerlässlich, um den Entlassungsstress zu minimieren. Nehmen Sie Veränderungen vorweg, indem Sie sich vorbereiten. Schulen Sie notfalls um und betrachten Sie einen Arbeitsplatzverlust als Chance. Ein neuer Beruf ermöglicht Ihnen vielleicht, das zu tun, was Sie wirklich interessiert.

BERUFE ANALYSIEREN

Einige Berufe sind per se belastender als andere. Auf unterschiedlichen hierarchischen Ebenen eines Unternehmens hat jeder Beruf seinen eigenen Stressfaktor. Das Stressniveau spielt bei der Entscheidung, ob eine Stelle geeignet ist, eine wichtige Rolle.

29 Prüfen Sie den Stressfaktor einer neuen Stelle, bevor Sie zusagen.

STRESSNIVEAU VERSCHIEDENER BERUFSARTEN

BERUFSART	DAMIT VERBUNDENE STRESSURSACHEN
FINANZEN Wirtschaftsprüfer, Börsenhändler, Hypothekenberater, Kassierer.	In Unternehmen, wo Geld im Mittelpunkt steht, ist ein hohes Stressniveau die Regel. Je größer die Summen, desto höher der Stress für die Beschäftigten.
VERKAUFSORIENTIERT Manager und Berater im Verkauf und Marketing, Werbemanager.	Diese Berufe setzen die Mitarbeiter unter Druck, weil fortwährend mit bestimmten Mitteln und innerhalb festgelegter Fristen vorgegebene Ziele erreicht werden müssen.
TECHNOLOGIE Computerprogrammierer und -techniker, Statistiker.	IT-Spezialisten müssen mit der Branche Schritt halten, die sich am schnellsten verändert. Techniker müssen Geräte reparieren und komplizierte Zusammenhänge erklären.
MEDIEN Zeitungs-, Zeitschriften- oder Fernsehjournalist, Produzent, Redakteur.	Ruhige Zeiten wechseln mit hektischer Aktivität, wenn die Medienleute neuen Geschichten hinterher jagen und dann binnen kürzester Zeit kreativ sein müssen.
MEDIZIN Krankenschwestern, Ärzte, Anästhesisten, Apotheker, Therapeuten.	Wenn Gesundheit oder gar das Leben auf dem Spiel stehen, kann enormer Druck bestehen, die richtige Entscheidung zu treffen. Der Umgang mit Leid birgt viel Stress.
UMGANG MIT MENSCHEN Personalchefs, Sozialarbeiter, Berater, alle Manager, die ein Team leiten.	Diese Berufe verlangen Fähigkeiten wie Takt und Diskretion, aber auch Durchsetzungskraft. Man muss u. U. Entlassungen und Disziplinarmaßnahmen durchführen.

STRESS IM MANAGEMENT

Manager sind in ihrer Stellung häufig isoliert. Oft sind sie gefangen zwischen dem Versuch, es einerseits ihren Mitarbeitern recht zu machen und andererseits die Wünsche ihrer Vorgesetzten zu erfüllen. Sie müssen außerdem schwere Entscheidungen über die Zukunft ihrer Mitarbeiter treffen. Manager brauchen einige »menschliche« Fähigkeiten, die oft schwer zu beschreiben sind. Das Gefühl, diese Fähigkeiten nicht in ausreichendem Maß zu besitzen, erzeugt Stress, ebenso wie zu viel Verantwortung oder die Unfähigkeit zu delegieren.

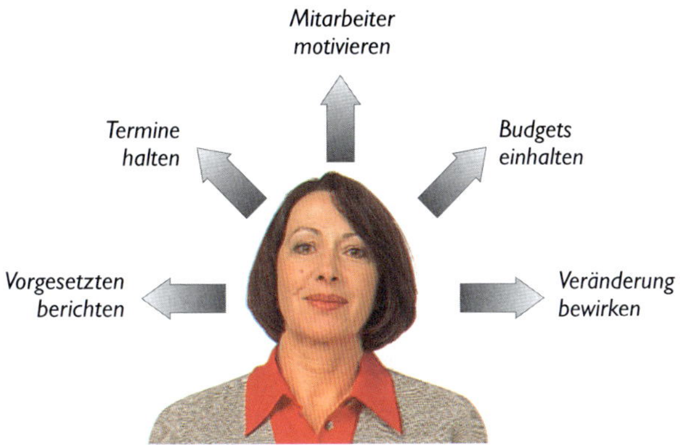

▲ **ANFORDERUNGEN AN MANAGER**
Zu viele Anforderungen an eine Person können ein hohes Stressniveau verursachen. Viele Manager halten Stress für einen unausweichlichen Bestandteil ihres Arbeitslebens, aber ohne Zeit zum Ausspannen kann Stress zu Krankheit oder gar zum Tod führen.

30 Erhöhen Sie die Anzahl und die Schwierigkeit der Aufgaben, die Sie täglich delegieren.

▲ **STRESS FÜR EINEN ANGESTELLTEN**
Viele Bürotätigkeiten sind eintönig und anspruchslos, so dass sie wenig Befriedigung bringen. Oft fehlt es an Verantwortung und damit an den Möglichkeiten zur Kreativität. Auch Routinedenken, Langeweile und Lethargie können ein hohes Maß an Stress erzeugen und schwer abzuschütteln sein.

STRESS AUF ANDERER EBENE

Angestellte können unter Stress leiden, weil sie zu wenig Verantwortung, Kontrolle über ihre Arbeitsbelastung und Motivation haben. Ein Arbeiter am Band kann als Folge eintöniger Arbeit krank werden. Stress bei Arbeitern kann in vielen Fällen durch die körperlichen Anforderungen ihrer Arbeit hervorgerufen werden, etwa durch gefährliches Arbeiten in großer Höhe an einem Gebäude.

BEZIEHUNGEN BEWERTEN

Schlechte Beziehungen zu Arbeitskollegen können Stress verursachen. Untersuchen Sie Ihr Umfeld und stellen Sie alle Problembereiche fest. Ist es z. B. schwer, Ihre Mitarbeiter zu kontrollieren oder vermitteln Ihre Vorgesetzten nur wenig Anerkennung?

31 Begegnen Sie Mitarbeitern mit Achtung, ohne Ansehen der Stellung.

32 Gehen Sie mit Kollegen ab und zu etwas trinken.

33 Gehen Sie mit einem neuen Kollegen gemeinsam in die Mittagspause.

VERÄNDERUNG ERLEBEN

Neue Betriebsstrukturen legen großen Wert auf Teamarbeit. Das Wachstum der Informationstechnologie kann Teile des mittleren Managements überflüssig machen, indem sie ihre Funktion als Informationsvermittler einschränkt. Die Freisetzung dieser Manager und die daraus entstehenden Änderungen in der Unternehmenshierarchie nennt man »Flattening«. In einem Unternehmen mit weniger Hierarchiestrukturen kann Stress aufkommen, weil mehr Personen plötzlich auf einer ähnlichen Dienstebene stehen und Konkurrenz empfinden. Die Arbeitsbereiche können sich überschneiden. Der Erfolg eines gut arbeitenden, zufriedenen Teams beruht auf Kooperation. Wenn existenzielle Konkurrenz entsteht, droht Streit.

KULTURELLE UNTERSCHIEDE

Die Missverständnisse, die aus der Zusammenarbeit mit Menschen aus anderen Ländern erwachsen, haben ein hohes Stresspotenzial. Wenn Sie geschäftlich mit einem anderen Kulturkreis zu tun haben, machen Sie sich mit den dort vertretenen Werten vertraut. In Europa und den USA z. B. spielt das Alter leitender Angestellter kaum eine Rolle. Im Gegenteil: Jugend wird sogar mit Energie und Potenzial assoziiert. In Ostasien wird Alter dagegen geachtet, weil es mit Erfahrung und Weisheit verbunden wird. Topmanager rechnen vielleicht nicht damit, mit einem gleichrangigen Jüngeren zu tun zu haben. Das sollten Sie bei Verhandlungen mit älteren Geschäftspartnern bedenken.

BEZIEHUNGEN BEOBACHTEN

Trotz Umstrukturierungen werden Beziehungen bei der Arbeit immer noch weitgehend hierarchisch und durch den Zusammenhalt in einer Gruppe beeinflusst. Dabei spielen Dinge wie Dienstalter und unterschiedliche Fachgebiete eine große Rolle. Sehen Sie sich im Büro um: Wer bittet wen um Hilfe? Wer verkehrt mit wem? Ist jemand isoliert und wissen Sie warum? Gibt es Rivalitäten?

34 Knüpfen sie Kontakte mit anderen Abteilungen Ihres Unternehmens.

UMGANG MIT ARBEITSKOLLEGEN

MANAGER

Als Manager kommen Sie zwangsläufig mit Personen aller Ebenen zusammen. Halten Sie zu jeder Zeit Kommunikationskanäle offen, um aufreibende Missverständnisse und Konflikte zu vermeiden.

VORGESETZTER

Ist Ihr Vorgesetzter ein Leser (bevorzugt schriftliche Berichte) oder Zuhörer (bevorzugt mündliche Informationen)? Verkehren Sie mit ihm so, wie er es bevorzugt.

KOLLEGIN

Vielleicht sind Teammitglieder Konkurrenten um eine Beförderung. Achten Sie auf Interessenskonflikte. Gehen Sie nicht davon aus, dass jeder die gleichen Prioritäten hat.

MITARBEITER

Sichern Sie sich die Achtung Untergebener, indem Sie sie fair behandeln. Pflegen Sie Gespräche, damit Sie wissen, was läuft, und positiv dazu beitragen können.

PROBLEME UNTERSUCHEN

Offizielle Umgangsformen können es erschweren, ein Beziehungsproblem bei der Arbeit anzusprechen. Aber wenn Sie es nicht angehen, kann das viel Stress erzeugen. Als erstes müssen Sie die Ursache des Problems feststellen, dann mit jemandem reden, der die Situation kennt und helfen kann. Häufige Probleme zwischen Personen sind fehlendes Feedback auf Entscheidungen, Bürointrigen, Ungewissheit über Rollen, unsinnige Termine und persönlicher Streit.

35 Fahren Sie mit einem Kollegen gemeinsam zur Arbeit.

ARBEITSPLATZ BEWERTEN

Die Struktur eines Unternehmens und die täglichen Bedingungen am Arbeitsplatz können sich erheblich auf das Stressniveau auswirken. Sehen Sie sich diese beiden Faktoren genau an, um herauszufinden, was Sie und Ihre Kollegen stresst.

36 **Seien Sie immer flexibel – vielleicht wissen auch Sie nicht alles.**

37 **Setzen Sie sich aktiv für ein gutes Betriebsklima ein.**

38 **Übereilen Sie keine wichtigen Entscheidungen.**

DAS UNTERNEHMEN

Sind Sie damit einverstanden, wie Ihr Unternehmen auftritt? Sagen Ihnen Politik, Struktur und Hierarchie zu? Müssen Sie eine dieser Fragen mit Nein beantworten, sind Sie in einer stressanfälligen Situation. Das einfachste wäre es, das Unternehmen zu verlassen, dessen Struktur einem nicht gefällt. Doch dieser radikale Schritt birgt selbst viel Stress. Es ist besser, sich mit den Gebieten, die einem missfallen, vertraut zu machen. Erkunden Sie die Gründe, warum das Unternehmen so organisiert ist und so geführt wird. Mit diesem Wissen können Sie sich engagieren und aktiv Verbesserungen von innen anregen

BEHUTSAM VORGEHEN ▶

Birgits Bemühungen, die Firmenpolitik zu ändern, wurden von ihrem Chef abgeblockt, was sie in eine angespannte Situation brachte. Nachdem sie mehr über das Unternehmen wusste, erkannte sie, dass ihre ursprünglichen Ideen zu radikal waren. Sie entwickelte erfolgreiche neue Produkte, indem sie auf die Stärken des Unternehmens baute.

FALLBEISPIEL

Birgit war die neue Leiterin der Produktentwicklung bei einem Hersteller hochwertigen Spielzeugs. Sie sah sich einer rigiden Verkaufspolitik und sinkenden Umsätzen gegenüber. Die Spartenchefs lehnten ihre neuen Produktideen beständig ab, so dass sie bald sehr demotiviert war.

Unter dem Druck, neue Ideen vorlegen zu müssen, die die Firmenleitung akzeptieren würde, sprach sie mit dem Verkaufsleiter über die vergangenen Erfolge der Firma. Sie befragte auch die Vertreter, wie die Produkte der Firma bei den Läden ankamen. Dann schrieb sie einen Bericht, dass die Marke nach wie vor angesehen sei, jedoch als wenig aufregend und etwas altmodisch gelte.

Die Leitung gab Birgit grünes Licht, die erfolgreichsten Artikel zu aktualisieren, und die Verkaufszahlen stiegen langsam wieder.

BEDINGUNGEN VERBESSERN

Eine schlechte Arbeitsumgebung kann Stress verursachen. Sie hat nicht nur Einfluss darauf, wie Sie arbeiten, sie kann auch Ihre Gesundheit angreifen. Prüfen Sie die Arbeitsbedingungen anhand der Checkliste unten. Wenn Bedingungen verbessert werden müssen, ändern Sie das, was in Ihrer Macht liegt. Bitten Sie gegebenenfalls Ihre Firma, weiteren Verbesserungen Vorrang einzuräumen:

- Stehen die Schreibtische so, dass möglichst viel Platz ist?
- Gibt es Lärm oder sonstige Emissionen?
- Gibt es genug Tageslicht?
- Gibt es genug Platz zum Lagern und Ablegen? Legen die Kollegen die Dinge wieder dorthin, wohin sie gehören?
- Ist die Raumtemperatur angenehm? Wird sie automatisch gesteuert? Arbeitet die Klimaanlage gut? Ist sie laut?
- Ist die Büroausstattung so modern, dass sie den Anforderungen gerecht wird?

NICHT VERGESSEN

- Ein angenehmes Arbeitsumfeld zeigt, dass das Unternehmen an seine Beschäftigten denkt.
- Gut genutzter Raum lässt jedem etwas Privatsphäre, auch in einem Großraumbüro.
- Tageslicht kann die Stimmung heben und die Augen schonen.
- Gute Ablagesysteme vergeuden weniger Zeit für die Suche nach verschollenen Unterlagen.
- Topfpflanzen verbessern die Luftfeuchtigkeit in trockenen, klimatisierten Räumen.
- Verstellbare Stühle verhindern Rückenschmerzen, eine der Hauptursachen für Fehlzeiten von Bürokräften.
- Der Austausch fehlerhafter Bürogeräte verbessert die Leistungsfähigkeit und Produktivität.

ÄNDERUNGEN VORNEHMEN ▶
Falls nötig, gestalten Sie ein Büro neu, um eine gute Atmosphäre zu schaffen. Bemühen Sie sich um ein Gleichgewicht zwischen Kontakt und Privatsphäre. Stellen Sie den Besprechungstisch in einen ruhigen Bereich, um Störungen möglichst zu vermeiden.

ALLTAG BEWÄLTIGEN

Viele Menschen meinen, die ganze Zeit arbeiten zu müssen. Das kann sich verstärken, wenn Arbeit als Flucht vor Problemen missbraucht wird. Werden Sie sich über Ihre Bedürfnisse klar und streben Sie Erfüllung im Privatleben und im Beruf an.

39 Gehen Sie regelmäßig mit Ihrem Partner oder einem Freund aus.

MIT VERÄNDERUNG UMGEHEN

Ein Ereignis kann das glückliche Gleichgewicht zwischen Arbeit und Zuhause abrupt zerstören. Ein Berufswechsel ist ein gutes Beispiel, aber auch Hochzeit oder Tod können dieses Gleichgewicht untergraben.Nehmen Sie sich bei belastenden Veränderungen Zeit, Ihren Lebensstil zu überdenken. Listen Sie auf, was Vorrang für Sie hat. Vielleicht wissen Sie, was wichtig in Ihrem Leben ist, aber es fällt Ihnen schwer, danach zu handeln. »Meine Kinder sind für mich das Wichtigste auf der Welt«, sagt so mancher Manager, der sie nur an einem Abend in der Woche sieht.

▲ **PRIVATLEBEN WICHTIG NEHMEN**
Eine glückliche Familie und gute Freunde können ein gutes Mittel gegen Stress sein.

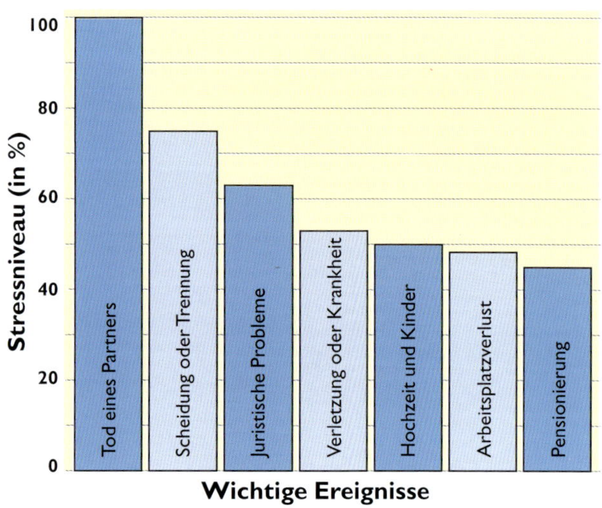

STRESS MESSEN ▶
Die Forschung belegt, dass der Tod eines Partners das stressgeladenste Ereignis überhaupt ist. Aber auch positive Ereignisse wie eine Hochzeit können enormen Stress verursachen. Wenn jemand in kurzer Zeit mehrere derartige Ereignisse erlebt, nimmt das Stressrisiko stark zu.

WICHTIGE EREIGNISSE

Außer Tod und Scheidung können noch andere Ereignisse ein hohes Stressniveau bewirken. Dazu gehören ein Umzug, die Geburt eines Kindes (für Mutter und Vater), eine Stelle im Ausland, Arbeitsplatzverlust oder Rente. All diese Ereignisse bringen große Veränderungen mit sich.

Um den Stress durch ein solches Ereignis zu reduzieren, sollten Sie nicht so tun, als hätte es nie stattgefunden. Verringern Sie die entstandene Ungewissheit aktiv. Sehen Sie sich die Auslandsstelle an, bevor Sie hingehen. Lassen Sie die Arbeit allmählich auslaufen. Nehmen Sie sich für einen Umzug mindestens eine Woche frei. Nutzen Sie Ihren Urlaub voll aus. Nehmen Sie sich Zeit.

▲ **MIT DEM AUTO ZUR ARBEIT**

Wenn Sie zu einer bestimmten Zeit irgendwo sein müssen, fahren Sie nicht mit dem Auto. Staus machen das Auto heute zum unzuverlässigsten Verkehrsmittel – und auch zum gesellschaftsfeindlichsten. Benutzen Sie möglichst ein anderes Verkehrsmittel.

42 **Lernen Sie, mit Freunden und Bekannten offen über Ihre Gefühle zu sprechen.**

40 **Hören Sie auf das, was Ihre Kinder sagen.**

41 **Wenn Sie es nicht weit zur Arbeit haben, gehen Sie öfter mal zu Fuß.**

ZUR ARBEIT PENDELN

Die tägliche Fahrt zur Arbeit und zurück gehört zu den anstrengendsten regelmäßigen Pflichten im Leben. Die Angst, pünktlich zu sein, Verkehrsstaus und überfüllte Verkehrsmittel gehören zum Alltag und können Stress auflaufen lassen.

Prüfen Sie, ob Sie später fahren und so die Stoßzeit vermeiden können. Wenn möglich, arbeiten Sie ein oder zwei Stunden morgens zu Hause. Flexible Arbeitszeiten ermöglichen es Ihnen vielleicht, die Stoßzeit zu umgehen. Egal, ob Sie später oder früher anfangen, Sie verringern den Stress, wenn Sie sich nicht mit allen anderen auf den Weg machen müssen.

Mit Arbeitsstress umgehen

Jeder reagiert anders auf Stress. Nur wenn man die Art der individuellen Reaktionen versteht, kann man Stress bei sich und bei anderen bekämpfen.

Einstellung erkennen

Unternehmen wie Individuen unterscheiden sich in ihrer Einstellung zum Stress erheblich. Einige sind Hardliner und erwarten von ihren Beschäftigten Robustheit. Andere sind fürsorglicher und hilfreich in ihren Reaktionen auf solche Probleme.

43 Richten Sie ein Vorschlagssystem ein, wie Stressabbau zu erreichen ist.

44 Diskutieren Sie jedes Arbeitsproblem offen.

45 Schwimmen oder joggen Sie, um Stress abzubauen.

Die Kultur kennen

Denken Sie darüber nach, welche Einstellung in Ihrem Unternehmen bezüglich Arbeit und Stress vorherrscht. Wenn Stress Bestandteil der Arbeit ist, ist es oft einfacher, ihn zu verherrlichen als das Arbeitsverhalten zu ändern. In einigen Arbeitskulturen ist leichter Stress unvermeidlich. Erdöl- und Bergwerksgesellschaften erwarten, dass ihre Beschäftigten einige Zeit im Ausland arbeiten. Unternehmensberatungen und Investmentbanken setzen lange Arbeitszeiten voraus. Man muss akzeptable und unakzeptable Stressniveaus am Arbeitsplatz unterscheiden können.

FALLBEISPIEL

Der Geschäftsführer eines großen Handelsunternehmens brüstete sich oft damit, mehr Zeit auf Geschäftsreisen als am Schreibtisch zu verbringen.

Als er ein neues Produktprogramm entwickeln sollte, arbeitete er Tag und Nacht, um die Bemühungen mehrerer Abteilungen zu koordinieren. Er flog auf der Suche nach Informationen durch die Welt, um dem neuen Programm zum Erfolg zu verhelfen. Seine freie Zeit nahm ab, sein Privatleben litt, er war ständig müde und aß kaum. Aber weil er wusste, dass sein Unternehmen auf ihn angewiesen war, machte er weiter. Er bekam Magenschmerzen und zog sich Magengeschwüre zu.

Das Unternehmen erkannte an, dass sein Zustand auf den Stress der Arbeitsüberlastung zurückging. Auf ärztlichen Rat machte er einen langen Urlaub. Das Unternehmen engagierte einen Stressberater, um künftigen Problemen vorzubeugen.

◄ STRESS VERHERRLICHEN

Dieser Fall zeigt ein verbreitetes Problem. Viele leitende Angestellte nehmen die ihnen auferlegte Arbeitsüberlastung in Kauf und prahlen mit ihrer Verantwortung, um die Angst vor dem Scheitern zu bemänteln. Dieses Unternehmen verhielt sich gut, weil es einräumte, zu dem unannehmbar hohen Stressniveau beigetragen zu haben.

VERPFLICHTUNG GEGENÜBER MITARBEITERN

Wie Unternehmen mit Stressabbau umgehen und welche Einstellung allgemein zu den Mitarbeitern vorherrscht, spiegelt sich zum Teil in den Ausgaben für folgende Bereiche wider:

AUSBILDUNG UND ENTWICKLUNG
Gelegentlich nennen Firmen entsprechende Zahlen für diese Ausgaben in ihrem Jahresbericht. Gibt es keine Zahlen, fragen Sie, warum.

VERGÜTUNG UND AUFSTIEGSCHANCEN
Ein Unternehmen, das gute Arbeit würdigt, bietet vielleicht finanzielle oder andere Anreize oder eine Beförderung zur Belohnung.

EINSTELLUNG UND AUSWAHL
Einem Unternehmen, das wenig Zeit für Einstellungen hat, ist es egal, wenn es Mitarbeiter schnell wieder verliert. Stellenbewerber machen die Erfahrung, dass ein langsames, gründliches Auswahlverfahren oder die genaue Prüfung der Referenzen dafür spricht, dass dem Unternehmen langfristig an seinen Angestellten liegt.

EINSTELLUNG ÄNDERN

Achtet Ihr Unternehmen nicht auf Stress, versuchen Sie, die Entscheidungsträger dazu zu bringen, Stress ernst zu nehmen. Machen Sie ihnen die Vorteile einer neuen Haltung klar. Erklären Sie z. B., wie viel Geld Stress durch Fehlzeiten kostet und wie viel andere Unternehmen eingespart haben – einige US-Firmen geben an, die Fehlzeiten durch Einführung der Personalberatung um bis zu 60 Prozent gesenkt zu haben. Sagen Sie auch, dass ein zufriedener Mitarbeiter ein produktiver ist.

46 Bekämpfen Sie Diskriminierungen in Ihrer Firma.

STRATEGIE ENTWERFEN

Jedes Unternehmen sollte eine Strategie zum Abbau von Stress als notwendigen Teil der Pflege seines wertvollsten Aktivpostens betrachten – der Arbeitskräfte. Die ideale Strategie hängt von der Größe und den Mitteln des Unternehmens ab.

47 **Denken Sie an ein Pilotprojekt, bevor Sie ein Programm einführen.**

48 **Führen Sie Betreuung für gestresste Mitarbeiter ein.**

49 **Erhöhen Sie die Investitionen in die Personalausbildung.**

DAS IST ZU TUN

1. Benennen Sie die stressgefährdetsten Mitarbeiter.
2. Bieten Sie Anreize für geringe Fehlzeiten, ohne den Stress zu erhöhen.
3. Fördern Sie Stressbewusstsein in internen Publikationen.
4. Erlauben Sie nicht, dass jemand noch spät im Haus arbeitet.
5. Führen Sie im Unternehmen das Nichtrauchen ein.

PUNKTE BEDENKEN

Eine Unternehmensstrategie zum Abbau von Stress könnte folgende Punkte umfassen:

- Ein Programm, um im gesamten Unternehmen das Bewusstsein für die Kosten von Stress am Arbeitsplatz zu steigern.
- Ein Programm, das den Beschäftigten hilft, Stresssymptome bei sich und den Kollegen zu erkennen.
- Ein Beratungsprogramm zur Hilfe für Einzelne.
- Ein System zur Überwachung von Fehlzeiten. Die Gründe für seine Einführung und Dauer sollten dabei allen Beschäftigten erklärt werden.
- Regelmäßige Rückmeldungen an die Mitarbeiter über den Fortgang der neuen Strategie und ihre Verbesserungen.
- Ein Programm zum Vorbeugen gegen Stress, um das allgemeine Wohlergehen der Beschäftigten langfristig zu heben – Sporteinrichtungen, Gleitzeit und das Angebot von regelmäßigen ärztlichen Untersuchungen.

50 **Prüfen Sie die Mittel Ihres Unternehmens, bevor Sie sich auf eine Strategie gegen Stress festlegen.**

DIE INTERVENTIONSEBENE WÄHLEN

Wenn Sie eine Strategie entwerfen, müssen Sie eine Interventionsebene wählen: primär, sekundär oder tertiär. Jede Ebene bringt Änderungen bei anderen Aspekten des Stressproblems zum Tragen. Primäre Interventionen betreffen grundsätzliche Änderungen und sind selten. Sekundäre Interventionen bekämpfen spezielle Stressursachen. Tertiäre Interventionen haben mit individueller Behandlung und langfristiger Erholung zu tun.

51 Tun Sie etwas für gesunde Ernährung durch eine gute Betriebskantine.

INTERVENTIONSEBENE ÜBERDENKEN

EBENE	BEISPIELE	AUSWIRKUNGEN
PRIMÄR Umfasst radikale Änderungen, die das ganze Unternehmen betreffen.	• Umzug aus dem Stadtgebiet auf die »grüne Wiese«, um das Arbeitsumfeld zu verbessern. • Umgestaltung und notfalls auch Umbau der Gebäude, um die Einrichtungen zu modernisieren.	• Unternehmen muss Umzugskosten zahlen und den Mitarbeitern beim Eingewöhnen helfen. • Werden die Mitarbeiter durch die Bauarbeiten beeinträchtigt, muss das Unternehmen eventuell einen Ausgleich anbieten.
SEKUNDÄR Befasst sich mit speziellen Stressursachen und geht die Probleme direkt an.	• Zugang zu Sporteinrichtungen verbessern, um die Gesundheit und Fitness der Beschäftigten zu fördern. • Gesündere Ernährung für die Mitarbeiter anbieten, wenn eine hauseigene Kantine existiert.	• Das Unternehmen muss Dusch- und Umkleideräume für die Benutzer bereitstellen. • Hauseigene Kantinen sollten abwechslungsreiches Essen bieten und auch auf spezielle Wünsche eingehen.
TERTIÄR Bietet denen individuelle Hilfe, die unter Stress leiden.	• Programme einführen, um den Beschäftigten beim Abgewöhnen von Rauchen und Trinken zu helfen. • Kostenlose vertrauliche Beratung für Beschäftigte mit persönlichen Problemen.	• Es sollte Hilfe für Beschäftigte angeboten werden, die Rauchen oder Trinken aufgeben möchten. • Kostenlose Beratung sollte so lange gewährt werden, wie es die Mitarbeiter für nötig halten.

POSITIV HANDELN

Ein Unternehmen, das etwas gegen Stress unternehmen will, muss entsprechende Kosten tragen, um in den Genuss aller Vorteile zu kommen. Diese Vorteile lassen sich finanziell wiederum über bessere Arbeitsmoral und erhöhte Produktivität messen.

52 Verschaffen Sie sich Klarheit über das Stressmanagement Ihrer Firma.

SCHRITT FÜR SCHRITT

Die Maßnahmen zum Abbau von Stress erfordern Veränderungen, die oft selbst Stress bedeuten. Denken Sie daran, dass Stressmanagement sich in schlechter Arbeitsmoral niederschlagen kann, wenn das Programm scheitert. Lassen Sie solche Programme langsam anlaufen, starten Sie sie Schritt für Schritt, damit jede Maßnahme ihr Ziel erreicht. Wenn z. B. Mitarbeiter gratis ein lokales Fitnessstudio benutzen dürfen, zeigt die Benutzerfrequenz, wie beliebt es ist. Wird die Halle gut genutzt, ist zu überlegen, ob sich der Bau eines eigenen Studios auf dem Firmengelände lohnt.

53 Überprüfen Sie Fehlzeiten: Welche Wochentage sind die schlimmsten?

INTERVENTIONSKOSTEN ANALYSIEREN

LANGFRISTIG DENKEN

Stressmanagement ist keine Patentlösung. Eine erfolgreiche Intervention ist extrem langfristig und verlagert sich allmählich von der Stressbehandlung zur Vorbeugung. Zunächst sollte angestrebt werden, Fehlzeiten dadurch zu verringern, dass Stress verursachende Umstände abgeschafft oder verändert werden. Sobald die Fehlzeiten zurückgehen, sollte das Programm danach trachten, sie nicht wieder ansteigen zu lassen. Das Schwergewicht liegt anfangs auf Veränderung, später dann auf der Überwachung und Wahrung des Wohlergehens der Beschäftigten.

54 Suchen Sie Beweise für den Erfolg jeder Intervention.

FALLBEISPIEL

Ein Landmaschinenhersteller ernannte eine fortschrittliche Geschäftsführerin, die Probleme bei den Fehlzeiten und der Arbeitsmoral entdeckte. Die Beschäftigten arbeiteten im Akkord – wer also schnell arbeitete, verdiente mehr als jemand, der langsam war.

Die Geschäftsführerin entwarf einen radikalen Veränderungsplan. Das Akkordsystem wurde durch Einzelarbeit ersetzt, bei der die Beschäftigten in Stufen unterteilt wurden. Je höher die Arbeitsqualität, desto höher auch die Lohnstufe. Sie führte außerdem ein Prämiensystem ein, das außergewöhnliche Leistungen belohnte.

Die Zustimmung aller Beschäftigten wurde eingeholt, bevor die Änderung erfolgte. Die Arbeiter fühlten sich auf diese Weise eher als zusammengehöriges Team, was sich langfristig extrem positiv auf die Produktion auswirkte.

VERÄNDERUNG VORNEHMEN ▶

Diese Geschäftsführerin verlagerte das Schwergewicht vom Arbeitstempo auf die Qualität und den Aufbau von Teamgeist. Die Maßnahmen verbesserten die Arbeitszufriedenheit und Rentabilität und reduzierten das Stressniveau am Arbeitsplatz.

FALLBEISPIEL

Ein großes Elektronikunternehmen erlebte aufgrund hoher Fluktuation einen starken Gewinneinbruch. Ein Beraterteam wurde beauftragt, das Problem zu untersuchen. Es stellte eine zu starre Führungsstruktur und allgemeinen Kommunikationsmangel zwischen Personal und Führung fest.

Strukturänderungen wurden vorgeschlagen und durchgeführt. Die Berater regten ferner an, alle Beschäftigten auf Teambildungskurse zu schicken, die auch Freizeitaktivitäten boten.

Der erste Kurs begann trotz anfänglichen Widerstands einiger Manager. Die Teilnehmer bemerkten einen Zuwachs an Vertrauen und Verständnis im Kursverlauf. Viele Manager, die den Kurs besuchten, berichteten auch von verbesserten Beziehungen zu Kollegen und jüngeren Mitarbeitern.

◀ **AUF ERFOLG BAUEN**

Hier wurde die Unternehmensstruktur als Ursache rückläufiger Gewinne ausgemacht. Obwohl die Veränderungen zunächst auf Widerstand stießen, kamen die verbesserten Beziehungen zwischen Mitarbeitern und Management dem Unternehmen zugute, verringerten den Stress und steigerten schließlich auch die Gewinne.

SCHREIBTISCH FREI HALTEN

Beginnen Sie beim Kampf gegen den Stress mit dem eigenen Schreibtisch. Machen Sie sich nicht vor, dass ein unaufgeräumter Schreibtisch in Ordnung sei, weil Sie ja alles finden. Verlassen Sie sich nicht darauf, dass das »papierlose Büro« Sie rettet.

55 Beginnen Sie jeden Tag stressfrei an einem übersichtlichen Schreibtisch.

NICHT VERGESSEN

- Papiere, Akten und Bücher liegen am besten im Regal, nicht auf dem Schreibtisch.
- Alte Zeitungen wegwerfen – Nachrichten altern schnell.
- Große Blätter sind für Notizen am besten. Zettel gehen verloren.
- Telefonnotizen sind sinnlos, wenn Sie sich nicht an das Datum erinnern; datieren Sie also die Notizen.

56 Legen Sie sich ein »Spielzeug« für die Pausen zu.

RICHTIG AUSMISTEN

Manche Leute haben Angst, etwas wegzuwerfen und dann festzustellen, dass es gerade das war, was sie brauchen. Deshalb heben sie jede Notiz auf. Befolgen Sie die »Drei-Monate-Regel«: Alles, was drei Monate ungelesen auf Ihrem Schreibtisch liegt, ist reif für einen anderen Aufenthaltsort – entweder einen Ordner zur langfristigen Ablage oder den Papierkorb. Wenn Sie Ihren Schreibtisch lange nicht aufgeräumt oder keine Ablage gemacht haben, müssen Sie erbarmungslos sein. Unterteilen Sie die Unterlagen in drei Stapel:

- Sofort – muss heute noch erledigt werden.
- Später – legen Sie die Papiere in den Korb »Laufendes« und erledigen Sie die Arbeit binnen einer Woche.
- Gar nicht – ablegen oder in den Papierkorb damit.

ORDNUNG SCHAFFEN

Stellen Sie Körbe für »Eingang«, »Laufendes«, »Ablage« und »Ausgang« auf Ihren Schreibtisch – stapeln Sie diese, um Platz zu sparen. Den Korb »Laufendes« sollten Sie einmal pro Woche durchgehen und leeren. Arrangieren Sie alles so, dass das, was Sie am häufigsten brauchen, jederzeit am leichtesten zu erreichen ist.

◀ **ABFALL WEGWERFEN**
Ein leerer Schreibtisch und ein voller Papierkorb nerven weniger als umgekehrt. Unerwünschten Papierkram wegzuwerfen kann ein richtiges Erfolgserlebnis sein. Entsorgen Sie Papier, wenn möglich, getrennt.

UMGEBUNG AUFWERTEN

Stress wird auch durch andere Reize ausgelöst, wie z. B. die Farbe unserer Umgebung. Firmen setzen Farbe ein, um Stimmungen zu schaffen. Machen Sie es an Ihrem Arbeitsplatz genauso. Welche Farbe Sie wählen, hängt davon ab, ob Sie von Ihrer Umgebung besänftigt oder angeregt werden möchten. Wählen Sie die Töne, mit denen Sie am besten auskommen. Geben Sie Ihrem Schreibtisch Farbe mit Blumen und Familienfotos.

57 Probieren Sie Raumpläne aus, bevor Sie ein neues Büro beziehen.

▲ **ARBEITSPLATZ VERSCHÖNERN**
Gestalten Sie Ihren Arbeitsplatz so ansprechend wie Ihr Zuhause. Schließlich verbringen Sie dort wahrscheinlich mehr Zeit.

58 Wenn Sie einen neuen Arbeitsplatz bekommen, investieren sie Zeit in die Verschönerung.

ARBEITSMUSTER PRÜFEN

Stress kann heimtückisch sein und sich ansammeln. Am besten entgeht man ihm, wenn man ihm zuvorkommt. Wenn man Ereignisse und Zeiträume untersucht und definiert, die Stress verursachen, kann man den Problemen oft vorbeugen.

59 Bitten Sie Kollegen, Ihnen zu sagen, wenn Sie gestresst wirken.

60 Kalkulieren Sie die Zeit für ein Projekt bewusst reichlich ein.

STRESSANFÄLLIGE ZEITEN ERKENNEN

Nach einer Zeit voller Stress vergisst man leicht, wie es einem gelungen ist, damit fertig zu werden. Um Stress richtig zu analysieren und etwas zu verändern, müssen Sie Ihre Verhaltensmuster und -zyklen kennen. Sehen Sie sich das Jahr, die Monate, Wochen und Tage an, an denen Sie besonders viel zu tun haben. Halten Sie die erlebten Schwierigkeiten fest und lassen Sie sich von Ihren Kollegen sagen, wie Sie unter Stress agieren.

JÄHRLICHE ARBEITSMUSTER

Erstellen Sie eine Jahres- oder Halbjahrestabelle für die Analyse der jährlichen Arbeitsmuster. Zeichnen Sie alle größeren Projekte mit Anfangs- und Endtermin ein. Verbinden Sie die beiden Termine durch eine Linie, so dass Sie die Überschneidungen erkennen können. Indem Sie besonders hektische Phasen markieren, können Sie wesentlich besser planen, Engpässe vermeiden und Ihren Urlaub in die ruhige Zeit legen.

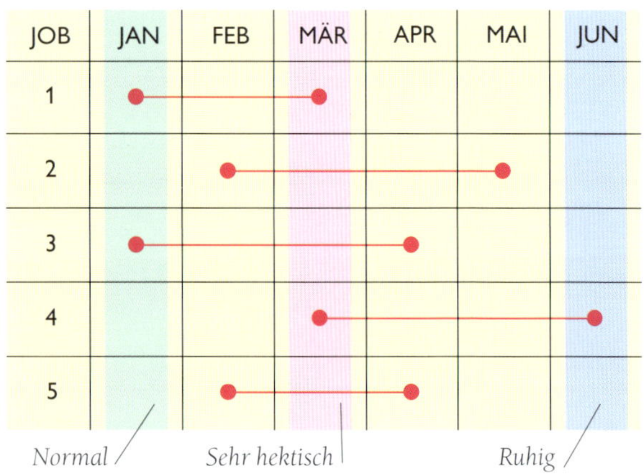

▲ **SICH AUF DRUCK VORBEREITEN**
Diese Halbjahrestabelle zeigt das Arbeitsmuster eines Menschen, der im März besonders viel zu tun hat. In dieser Zeit enden, beginnen oder laufen fünf größere Projekte.

TÄGLICHE ARBEITSMUSTER

Schwierigkeiten beim Zeitmanagement und der Arbeitseinteilung gehören zu den häufigsten Stressursachen. Sobald Sie einmal erkannt haben, wo solche Probleme liegen, können Sie sie besser angehen. Dabei hilft ein detailliertes Stresstagebuch. Listen Sie alle Aufgaben auf, die Sie an dem Tag erledigen müssen. Untersuchen Sie damit, wie Sie mit Ihrer Arbeit fertig werden. Halten Sie alles fest, was dazwischengekommen ist oder die Fertigstellung verhindert hat. Das mag zeitaufwendig sein, erspart Ihnen jedoch langfristig Alltagsstress.

61 **Halten Sie täglich Ihre Probleme fest und prüfen Sie, ob es ein Muster gibt.**

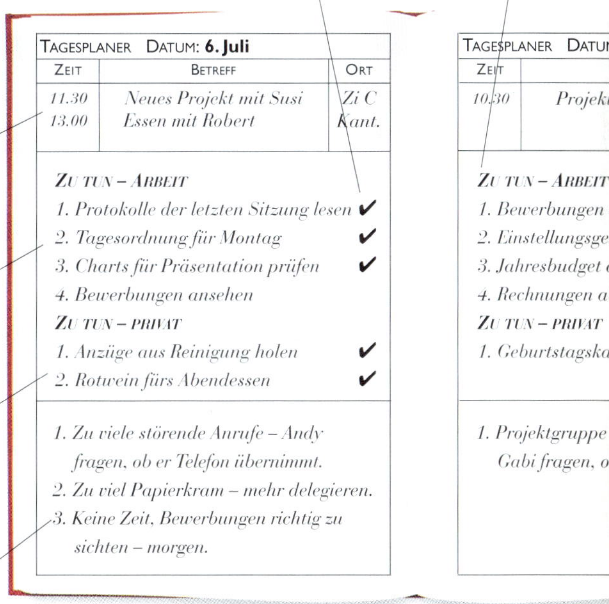

▲ **STRESSTAGEBUCH FÜHREN**
Die drei Hauptvorteile eines Stresstagebuchs sind: Feststellung der Stressbereiche, Markierung der Zunahme an Aufgaben oder stressanfälligen Entwicklungen, Instrument für Prioritäten. Führen Sie Ihr Stresstagebuch regelmäßig.

62 **Setzen Sie realistische Ziele, damit Sie nicht durch geplatzte Termine unter Druck geraten.**

FEEDBACK BEKOMMEN

Äußerst wichtig beim Umgang mit Stress ist eine gute Kommunikation mit den Menschen, mit denen man die meiste Zeit verbringt – den Kollegen. Es gibt nämlich durchaus die Möglichkeit, Kollegen in Stresssituationen um Hilfe und Unterstützung zu bitten.

Wenn Sie unter Stress stehen, suchen Sie den Kontakt zu Kollegen, die aufgeschlossene, aufmerksame Zuhörer sind. Selbst wenn sie Ihnen keinen Rat geben können, helfen sie Ihnen allein schon dadurch, dass Sie über Ihre Probleme sprechen und Feedback bekommen. Bitten Sie um ehrliche Antworten über ihr Stressverhalten: Sind Sie z. B. in Sitzungen ganz ruhig, wirken aber vor einer Präsentation gestresst? Versuchen Sie umgekehrt, Kollegen zu helfen, wenn diese unter Druck sind. Seien Sie ein guter Zuhörer und ermuntern Sie sie, Probleme offen anzusprechen.

63 Bringen Sie keinen in Verlegenheit, indem Sie Hilfe erbitten, die er nicht geben kann.

64 Behalten Sie Ihre schlechte Meinung über einen Kollegen für sich.

VERTRAUEN GEWINNEN ▶

Informationsaustausch verbindet, am Arbeitsplatz und außerhalb. Vielleicht stellen Sie fest, dass ein Kollege exakt die Lösung für Ihr Problem hat.

Machen Sie Kaffeepause, um eine zwanglose Atmosphäre zu schaffen

Legen Sie bei einem Gespräch die Arbeit weg

STRESSZYKLEN UNTERSUCHEN

Wenn Sie die arbeitsreichen Zeiten des Jahres und die tägliche Arbeitsbelastung festgelegt haben, verschaffen Sie sich einen Überblick über Ihre täglichen, monatlichen und jährlichen Stresszyklen. Denken Sie daran, dass aufgestauter Druck Stress verstärkt. Was einem in ruhigen Zeiten leicht von der Hand geht, kann in Krisenzeiten zum Problem werden.

Überlegen Sie, was Sie besonders belastet – viel Routinearbeit kann weniger belasten als eine einzige schwierige Aufgabe. Zeichnen Sie die jährlichen und täglichen Stresszyklen auf und planen Sie so ein geregeltes Stressmuster für die Zukunft.

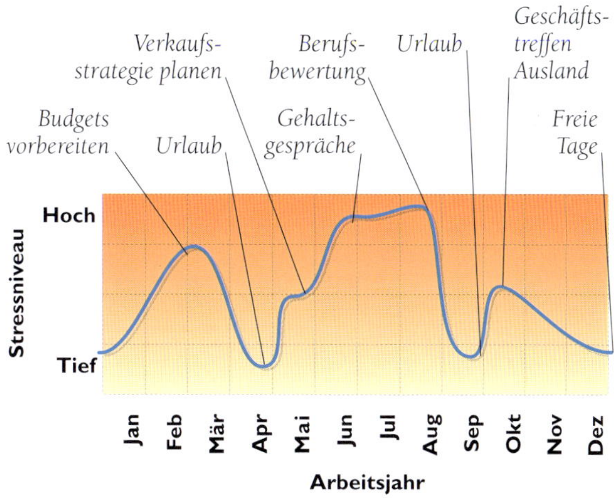

▲ JAHRESZYKLUS

Anhaltender Stress kann ernsthafte Auswirkungen haben. Die Person mit dieser Grafik versucht über fünf Monate im Jahr, mit einem hohen Stressniveau fertig zu werden. Wenig Stress herrscht nur im Urlaub oder außerhalb der Arbeitszeiten.

▼ TAGESZYKLUS

Auch wenn jeder Tag anders ist, ergibt sich doch meistens für jeden ein typisches Muster. Überlegen Sie, wie Sie Stress abbauen können, etwa durch Delegieren oder Abschaffen unnötiger Arbeit.

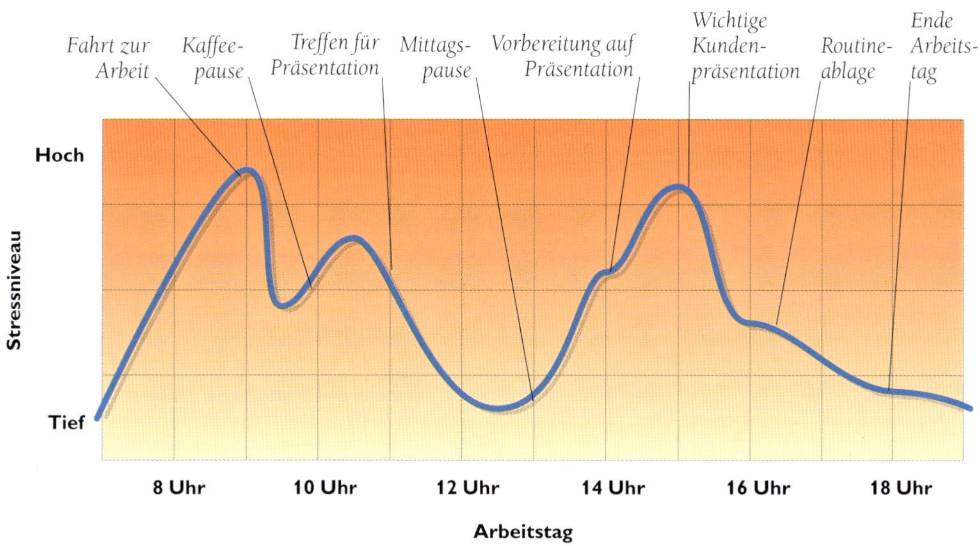

ZEIT EINTEILEN

Eines der Hauptsymptome von Stress am Arbeitsplatz ist das Gefühl, dass die Zeit nicht reicht, um alles Notwendige zu erledigen. Dem kann man abhelfen, wenn man seine Zeit mit Hilfe einiger einfacher Systeme besser strukturiert und organisiert.

65 Bitten Sie jemanden, ans Telefon zu gehen, wenn Sie Wichtiges erledigen.

66 Versuchen Sie, stündlich etwa fünf Minuten Pause zu machen.

PRIORITÄTEN SETZEN

Um Zeit besser planen zu können, müssen Sie Ihre Gesamtziele im Leben bewerten. Was wollen Sie erreichen? Gleichgewicht zwischen Arbeit und Familienleben? Oder wollen Sie in Ihrem jetzigen Beruf unbedingt nach oben? Sind Sie mit einem Posten im mittleren Management zufrieden oder wollen Sie den Chefsessel? Wenn Sie sich entschieden haben, setzen Sie langfristige Prioritäten und planen Sie die Arbeitsbelastung entsprechend.

NICHT VERGESSEN

- Ziele ändern sich mit der Zeit. Entsprechend müssen sich auch die Prioritäten ändern, die Sie ihnen einräumen.
- Eine Arbeitsliste ist nichts Unverrückbares. Eine plötzliche geschäftliche oder private Krise kann alles umwerfen.
- Viele Sitzungen sind überflüssig.
- Unentschlossenheit vergeudet Zeit, aber eine überhastete falsche Entscheidung verursacht auf lange Sicht mehr Stress.
- Kleinliches Überwachen der Mitarbeiter kostet Zeit und demotiviert.
- Telefonische Unterbrechungen vergeuden Zeit. Bitten Sie um Rückruf.

AUFGABEN PLANEN

Unterteilen Sie Ihre Arbeitsbelastung in drei große Gruppen: A, B und C. Stufen Sie dringende und wichtige Aufgaben unter A ein, wichtige, aber weniger dringende Projekte unter B und weniger wichtige Routinearbeiten unter C. Planen Sie am Tagesende, was Sie am nächsten Tag erledigen müssen. Lockern Sie die A- und B-Aufgaben durch C-Aufgaben wie Ablage oder Lektüre auf, um Abwechslung in Ihre Arbeit zu bringen und den ständigen Druck wichtiger Aufgaben zu dämpfen.

67 Streichen Sie jede erledigte Aufgabe von Ihrer Liste. Es befriedigt, eine Liste schrumpfen zu sehen.

ZEIT ZUWEISEN

Um Zeit gut zu nutzen und Stress zu minimieren, muss man jeden Tag gründlich planen. Sehen Sie sich an, was Sie vorhaben, und weisen Sie jeder Aufgabe eine realistische Zeitspanne zu. Planen Sie, wenn möglich, ein oder zwei A-Aufgaben vormittags ein, damit Sie nicht den Stress haben, den ganzen Tag daran denken zu müssen. Planen Sie mit einem Ihnen angenehmen System – mit Kalender, Computer oder Zeitplaner.

Dienstag: Zu erledigen

- *Bericht für Verkaufsabteilung erstellen (A)*
- *Auf Sitzung am Mittwoch vorbereiten (A)*
- *Rechnungen (B)*
- *Computerlisten aktualisieren (B)*
- *Protokolle für Freitagssitzung prüfen (B)*
- *Ablage (C)*

Dringende Aufgaben (Gruppe A) stehen oben

◀ LISTE ERSTELLEN

Schreiben Sie alle Aufgaben auf, die Sie zu erledigen haben. Ordnen Sie sie nach ihrer Dringlichkeit und Bedeutung in die Kategorien A, B und C ein.

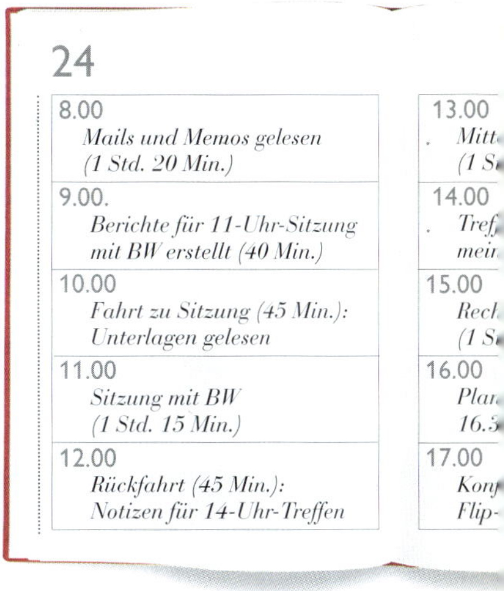

▲ DEN TAG FESTHALTEN

Die Zeit, die Sie einer Arbeit oder Sitzung zuweisen, deckt sich nicht immer mit der Zeit, die Sie tatsächlich brauchen. Tragen Sie im Tagebuch ein, wie lange eine Aufgabe dauert (einschließlich Vorbereitungs- und Fahrtzeit). Notieren Sie im Zeitverlauf alle gewohnheitsmäßigen Abweichungen und planen Sie künftig mehr Zeit ein, so dass Sie keine Arbeiten verschieben müssen, die sich dann stauen.

STRESS UNTERWEGS VERMINDERN

Viele Menschen verbringen viel Zeit auf der Fahrt von und zur Arbeit sowie zu Terminen. Reisen kann sehr anstrengend sein – Vielflieger haben dreimal so oft psychologische Störungen wie andere Personen. Machen Sie unterwegs einige einfache Übungen, die Stress abbauen.

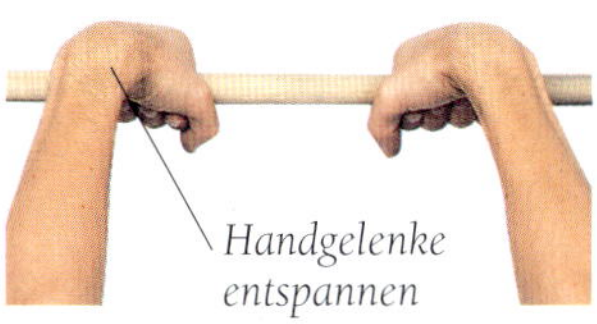

◀ HANDGELENKE KRÄFTIGEN

Greifen Sie eine Stange oder Ihr Lenkrad und drehen Sie die Hände langsam vor und zurück. 10-mal wiederholen.

ELASTIZITÄT STEIGERN ▶

Fingerspitzen auf eine Stange legen. Fest drücken, dass die Finger sich durchbiegen, dann lockern. 10-mal wiederholen.

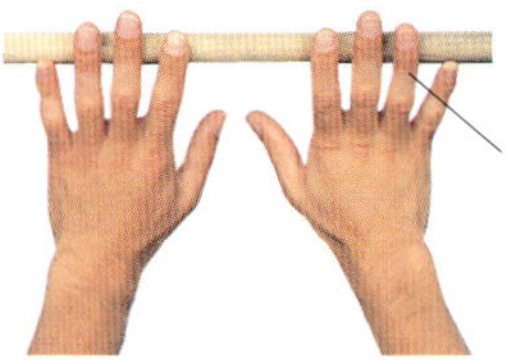

GUT KOMMUNIZIEREN

Im Schnitt senden und empfangen Manager bei der Arbeit täglich 178 Botschaften, ihre Sekretärinnen bewältigen noch mehr. Nimmt diese Belastung ohne richtige Bewältigung zu, kann sie einen »Kommunikationsstau« und damit Stress verursachen.

68 **Überfrachten Sie Leute nicht mit Informationen, die sie nicht brauchen.**

69 **Listen Sie Nachrichten, die beantwortet werden müssen, auf.**

INFORMATIONSMANAGEMENT

Effektiv zu kommunizieren ist für den Erfolg jeder Organisation entscheidend, aber auch für Ihr eigenes Stressniveau. Den Unternehmen stehen heute die verschiedensten Kommunikationsmittel zur Verfügung, Informationen lassen sich effizient per E-Mail oder Fax verbreiten. Um den Stress bei der Benutzung elektronischer Systeme zu verringern, planen Sie für den Aus- und Eingang von Informationen genügend Zeit ein oder delegieren Sie die Arbeit. Korrespondenz und Informationsverarbeitung im Griff zu haben erhöht die Effizienz der Arbeit und vermindert den Stress. Gute Kommunikation wird auch schnell beantwortet.

FALLBEISPIEL

Maria, die Abteilungsleiterin, musste zwischen zwei internen Bewerbern um eine freie Stelle entscheiden. Sie hielt beide für kompetent, sah Jörg jedoch im Vorteil gegenüber Peter.

Statt Jörg nun einfach zu ernennen und Peter die Sache von anderen erfahren zu lassen, vereinbarte Maria ein Gespräch mit Peter, bevor sie Jörgs Einstellung bekannt gab. Maria hielt es für falsch, Peter ihre Entscheidung schriftlich mitzuteilen, und außerdem für stressfördernd. Sie erklärte ihm die Gründe für ihre Entscheidung, lobte Peter als geschätzten Mitarbeiter, sagte, wie schwer ihr die Entscheidung gefallen sei und dass Peter bei einer künftigen Besetzung sicher berücksichtigt würde.

Peter war für Marias Aufrichtigkeit dankbar, akzeptierte ihre Erklärung und empfand weder Minderwertigkeit noch Groll gegenüber seinem Kollegen und der Vorgesetzten.

◀ **EFFEKTIV KOMMUNIZIEREN**

Kommunikation muss auf die Situation zugeschnitten sein. In diesem Fall hielt Maria es für falsch, Peter mit einem Memo zu unterrichten. Die Versicherung im direkten Gespräch, dass man ihn als wertvollen Mitarbeiter schätze und bei einer künftigen Beförderung berücksichtigen werde, half ihm gegen den Stress, nicht zum Zuge gekommen zu sein.

MÖGLICHKEITEN NUTZEN

VIDEOKONFERENZ
Personen überall auf der Welt können über eine Videoverbindung an einer Konferenz teilnehmen. Das spart Zeit und Reisekosten.

E-MAIL
E-Mails ermöglichen die Korrespondenz per Computer und sind der schnellste und effektivste Weg, um weltweit Mitteilungen zu verschicken.

INTERNET
Ein Internetanschluss bietet direkten Zugang zu Informationen über jedes denkbare Thema. Man kann die Daten herunterladen und im Computer speichern. Eine Menge Papierkram erübrigt sich.

KULTURELLE UNTERSCHIEDE

Wer geschäftlich erfolgreich weltweit kommunizieren möchte, muss sich der kulturellen Unterschiede bewusst sein. In Europa und den USA z. B. kann man einfach auf gut Glück bei jemandem vorbeischauen. In Asien dagegen, wo geschäftliche Kommunikation förmlicher ist, empfiehlt es sich, jedes Treffen lange vorher anzukündigen und präzise zu vereinbaren.

ZUSAMMENARBEITEN

Der Umgang mit Kollegen in einer Arbeitshierarchie kann stressanfällig sein. Bauen Sie Stress ab:

- Sprechen Sie bei jeder Gelegenheit direkt miteinander, um eine gute Arbeitsbeziehung herzustellen.
- Beraten Sich sich häufig mit Kollegen und anderen Teams, um deren Meinung zu hören.
- Hören Sie zu, was andere sagen, auch wenn Sie nicht unbedingt einverstanden sind.
- Kritisieren Sie die Ideen anderer konstruktiv.

OFFEN REDEN ▶
Direkte Gespräche zwischen Kollegen bringen oft mehr als Aktennotizen.

70 Erledigen Sie Korrespondenz vormittags – Ihr Kommunikationsgeschick lässt bei Müdigkeit nach.

DAS INNERE GLEICHGEWICHT

Ereignisse kann man nicht immer steuern, wohl aber die eigenen Reaktionen darauf. Wer ausgeglichen und angemessen reagiert, hat den Kampf gegen Stress bereits aufgenommen. Wegen eines schlechten Tags im Büro bricht die Welt nicht zusammen.

71 Ignorieren Sie Ihre Probleme nicht – nehmen Sie sie so, wie sie kommen.

72 Meiden Sie Menschen und Situationen, die Sie zu negativem Verhalten verleiten.

VERHALTEN ÄNDERN

Verhaltensmuster, die tief in unserem Unterbewusstsein verankert sind, kommen oft in Stresssituationen hervor, auch wenn sie nicht angemessen sind. Wenn Sie sich z. B. in einer Situation nicht wohl fühlen und nichts dagegen unternehmen, baut sich Unmut auf, der sich in Ihrem Verhalten ausdrückt. Sie werden vielleicht wütend und intolerant anderen gegenüber. Lernen Sie, Ihr inneres Gleichgewicht zu finden. Versuchen Sie, alle Gefühle von Ungerechtigkeit zu überwinden, packen Sie das Problem an der Wurzel an.

EIGENE MASSSTÄBE SETZEN

Eine häufige Stressursache ist das Schuldgefühl, bei der Arbeit zu versagen. Bedenken Sie, dass niemand vollkommen ist – verlangen Sie also nicht zu viel von sich. Wenn Sie sehr hohe Maßstäbe haben, fällt es Ihnen vielleicht schwer, Fehler einzuräumen. Versuchen Sie, Fehler als Teil einer Lernkurve zu sehen. Untersuchen Sie, was schief gegangen ist, korrigieren Sie den Fehler, und vermeiden Sie, ihn zu wiederholen. Manche Menschen können schwer etwas ablehnen, selbst wenn die Bitte unzumutbar ist. Daher ist es wichtig, Nein sagen zu lernen. Für ein ausgeglichenes Arbeitsleben muss man eigene Prioritäten setzen und Verantwortung für sein Handeln übernehmen.

IHRE RECHTE

1. Sie haben das Recht, Fehler zu begehen, ohne sich dafür schuldig zu fühlen.

2. Sie haben das Recht, übermäßige Ansprüche anderer an Ihre Zeit abzulehnen.

MIT ÄRGER UMGEHEN

Das innere Gleichgewicht hat viel mit der Kontrolle des Ärgers zu tun. Ärger ist eine behindernde Emotion, die messbare körperliche Empfindungen hervorruft: Puls und Blutdruck steigen an. Ein Wutausbruch kann kurzfristig Erleichterung verschaffen, verschleiert das eigentliche Problem jedoch, weil er selbst zum Problem wird. Wenn Sie unbegründet in die Luft gehen, fragen Sie sich nach den Ursachen. Listen Sie mögliche Gründe auf: »Ich bin wütend, weil ...« Um Ihren Ärger in den Griff zu bekommen, erkunden Sie, was nach dem »Weil« kommt.

73 Sport kann Ärger kurzfristig abbauen.

74 Sagen Sie ehrlich, warum Sie eine Arbeit ablehnen.

75 Lassen Sie sich nicht zu wichtigen Entscheidungen drängen.

POSITIV DENKEN

Erziehen Sie sich, positiv zu denken, um ein stressarmes Arbeitsumfeld zu erhalten. Eine positive Einstellung und die Fähigkeit, auch unter Druck ruhig zu bleiben, führen bei Ihren Kollegen wahrscheinlich zu positiven Reaktionen. Das wiederum verringert den Stress im Team oder am Arbeitsplatz. Stress kann ein ganzes Team anstecken, lässt sich aber auch durch eine bewusste Bemühung zum positiven Denken ausschalten.

NEIN SAGEN LERNEN

Einigen fällt es schwer, Nein zu sagen. Sie haben Angst, Anstoß zu erregen. Denken Sie daran, dass die Annahme einer Arbeit, der Sie nicht gewachsen sind, sich negativ auswirken kann. Sagen Sie bestimmt, aber ohne Aggressivität »Nein«, etwa so:

»Machen wir bald ein Treffen aus und sprechen das genauer durch.«

»Ich glaube nicht, dass ich Ihnen die Antwort geben kann, die Sie erwarten.«

»Ich bin augenblicklich nicht in der Lage, weitere Verpflichtungen anzunehmen.«

ZEIT ZUM ENTSPANNEN

Unter Stress verkrampft sich der ganze Körper und seine Haltung ändert sich. Bemühen Sie sich bei der Arbeit bewusst, immer wieder einmal zu entspannen, damit Sie die schädlichen Wirkungen von Anspannung auf Ihren Körper vermindern können.

76 Betreiben Sie Yoga oder etwas Ähnliches, damit Sie locker werden.

▲ **ÜBUNG EINS**
Atmen Sie, die Hände auf Brust und Zwerchfell, durch die Nase ein und aus, lassen Sie den Bauch dehnen und einsinken.

BEI DER ARBEIT ENTSPANNEN

Wenn man stundenlang am Schreibtisch oder in Konferenzen sitzt, kann sich im Oberkörper Spannung sammeln, insbesondere im Hals- und Schulterbereich. Das führt dann zu Muskelschmerzen. Machen Sie tagsüber ein paar einfache Übungen, um zu entspannen und neue Energie zu tanken:

- Lockern Sie Kragen, Krawatte oder Halstuch und vielleicht auch den Gürtel.
- Machen Sie die Übungen auf diesen Seiten, vor allem die, die Ihnen hilfreich erscheinen.
- Wiederholen Sie die Übungen alle paar Stunden, nicht erst, wenn Sie sich gestresst und angespannt fühlen. Es ist viel einfacher, Verspannung und Stress vorzubeugen als sie zu behandeln.

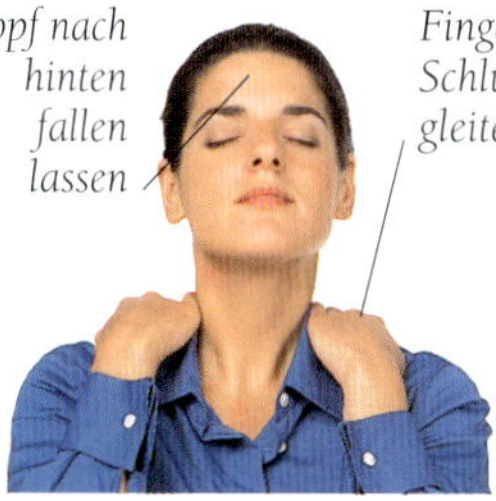

▲ **ÜBUNG ZWEI**
Die Hände auf die Schultern legen. Ausatmen, den Kopf nach hinten fallen lassen und die Finger langsam über die Schlüsselbeine gleiten lassen. Mehrmals wiederholen.

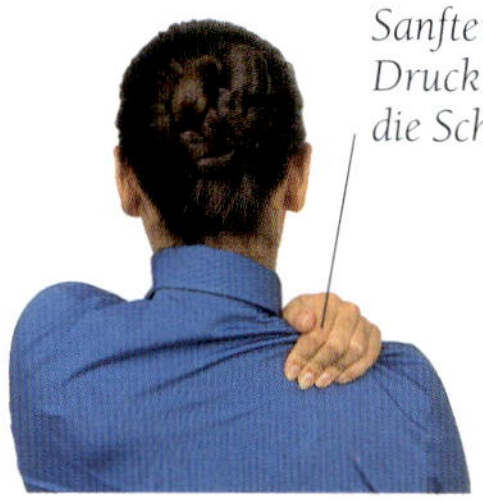

▲ **ÜBUNG DREI**
Die linke Hand auf die rechte Schulter legen und sanft drücken. Ein paar Sekunden festhalten, dann lockern. Am Arm wiederholen. Dasselbe auf der anderen Seite.

▲ **ÜBUNG VIER**
Die Finger beider Hände an die Schädelbasis legen. Langsam kreisförmig Druck ausüben und allmählich den Hals hinunter über die Schultern wandern.

PAUSE VON DER ARBEIT AM BILDSCHIRM

Viele Menschen verbringen viel Zeit vor dem Computer. Das ist für die Augen und die umliegenden Muskeln ermüdend. Machen Sie bei Computerarbeit etwa stündlich eine kurze Pause und gehen Sie vom Monitor weg. Machen Sie regelmäßig die hier gezeigten Übungen, um Anspannung abzubauen und einer Überanstrengung der Augen vorzubeugen.

▲ ÜBUNG EINS

Die Augen schließen, Gesichtsmuskeln entspannen und Kiefer lockern. Fingerspitzen geschlossen an die Stirn legen und kreisförmig sanft um die Augen bewegen. Mehrmals in einer Richtung wiederholen, dann in die andere Richtung.

ÜBUNG ZWEI ▲

Die Fingerspitzen auf die Stirn legen und sanft die Schläfen mit den Daumen massieren.

ÜBUNG DREI ▶

Die Hände auf die Augen legen und das Gesicht völlig entspannen. Diese Stellung einige Sekunden beibehalten. Diese Übung, wenn möglich, im Dunkeln machen.

▲ ÜBUNG FÜNF

Den linken Ellbogen auf die rechte Hand stützen und mit den Fingern der linken Hand auf das rechte Schulterblatt trommeln. Mit der anderen Seite wiederholen.

▲ ÜBUNG SECHS

Die Hände auf den Kopf legen. Den Kopf mit den Händen sanft nach vorn ziehen und die Position beibehalten. Die leichte Streckung im Nacken spüren.

▲ ÜBUNG SIEBEN

Die rechte Schulter anheben und langsam rückwärts rollen. Übung links wiederholen, dann mit beiden Schultern gleichzeitig. Dabei Arme locker und entspannt lassen.

Stress bei anderen sehen

Stress kann anstecken. Sie sollten ihn daher bei anderen erkennen, bevor er Sie selbst und Ihre Umgebung erfasst. Auf Stress kann man ganz verschieden reagieren; lernen Sie, die Anzeichen zu erkennen, damit Sie überlegen können, wie Sie damit umgehen.

77 Helfen Sie gestressten Kollegen, ihre Zeit besser zu planen.

Auf Anzeichen achten

Der beste Weg, Stress bei anderen zu erkennen, ist der, Verhaltensänderungen zu entdecken. Im Unterschied zu einem schlechten Tag liegt ein Stresssignal vor, wenn das ungewöhnliche Verhalten andauert oder sich verstärkt. Beispielsweise kommt der sonst pünktliche Kollege häufig zu spät, oder die Kollegin, die sonst eine gute Zuhörerin war, vermeidet plötzlich Blickkontakt.

78 Bitten Sie Freunde gestresster Kollegen, bei Problemen zu helfen.

Veränderte Verhaltensmuster erkennen

Normal

Gegenüber Kollegen
- Begrüßt Kollegen.
- Geht mit Kollegen essen.
- Hat eine gewinnende Art.
- Fragt nach der Meinung.

Gegenüber dem Unternehmen
- Hält Arbeitsplatz sauber und aufgeräumt.
- Legt Unterlagen ordentlich ab.
- Weiß, wo etwas zu finden ist.
- Erledigt Korrespondenz unverzüglich.

Gegenüber eigenem Äusseren
- Ist angemessen gekleidet.
- Trägt saubere, gutgebügelte Sachen.
- Macht einen ordentlichen Eindruck.
- Wirkt gepflegt.

Gestresst

Gegenüber Kollegen
- Sitzt verschlossen da.
- Geht allein essen.
- Ist reizbar.
- Hört nicht zu.

Gegenüber dem Unternehmen
- Arbeitet chaotisch.
- Lässt überall Papiere liegen.
- Braucht 15 Minuten, um etwas zu finden.
- Lässt den Eingangskorb überlaufen.

Gegenüber eigenem Äusseren
- Trägt nicht zur Arbeit passende Kleidung.
- Trägt schmutzige, zerknitterte Sachen.
- Scheint keinen Wert auf sein Äußeres zu legen.
- Macht einen ungepflegten Eindruck.

NICHT VERGESSEN

- Vielleicht können Kollegen etwas zum Umgang mit Stress im Team sagen. Sammeln Sie Ideen für einen Aktionsplan.
- Stress kann anstecken. Bemühen Sie sich darum, Ihren Kollegen zu beruhigen.
- Die beste Hilfe für einen gestressten Mitarbeiter kann der Vorschlag sein, das Projekt ein paar Tage liegen zu lassen und auszuspannen.

GRÜNDE ERFORSCHEN

Wenn Sie bei einem Kollegen Anzeichen für Stress ausgemacht haben, müssen Sie sich Gedanken über die Gründe machen. Berücksichtigen Sie möglichst viele Ursachen – von privaten Problemen bis zu Schwierigkeiten am Arbeitsplatz. Denken Sie daran, dass das, was Sie besonders stresst, andere vielleicht gar nicht berührt. Sobald Sie mögliche Ursachen entdeckt haben, prüfen Sie, ob und wie Sie Ihrem Kollegen helfen können. Oft kann er sich nur selbst helfen. Sie können nur dafür sorgen, dass kein weiterer Druck entsteht.

TEAMSTRESS

Mitglieder eines Teams, das für bestimmte Aufgaben zusammengestellt wurde, können unter besonderem gruppenspezifischem Druck leiden. Wenn sich z. B. eine informelle Hierarchie bildet, sind einige vielleicht nicht mit dem selbsternannten Leiter einverstanden. Manche Teammitglieder finden die Zusammenarbeit mit Kollegen anstrengend. Lernen Sie das Team und seine Mitglieder kennen, um die Gruppendynamik zu ergründen und Probleme vorwegzunehmen. Vielleicht müssen Sie die Aufgabenverteilung im Team ändern.

79 Geben Sie gestressten Kollegen Tipps zum Entspannen.

80 Bieten Sie nur dann Hilfe an, wenn Sie Zeit dafür haben.

WICHTIGE FRAGEN

F Zeigt das Gespräch mit Teammitgliedern Stresssignale auf?

F Sollte die Arbeitsbelastung regelmäßig überprüft werden?

F Kann man dem gestressten Kollegen vielleicht mit einer anderen Aufgabe im Team helfen?

F Was ist die wahrscheinlichste Ursache für Stress im Team?

DRUCK ABWENDEN

Oft kann man Stress mit offenen, flexiblen Arbeitsmethoden einschränken. Je besser die Kommunikation ist, desto wahrscheinlicher wird Stress erkannt und aufgelöst. Versuchen Sie, die Mitarbeiter einzubeziehen und die Angst abzubauen:

- Halten Sie Belegschaft und Kollegen über alle Entscheidungen auf dem Laufenden, die sie betreffen könnten.
- Ermutigen Sie zur Teilnahme an der Planung.
- Planen Sie jede Woche Zeit, um Anregungen einzuholen und Rückmeldungen zu geben.

Die Persönlichkeit analysieren

Die Auswirkungen von Stress hängen stark von der Persönlichkeit ab. Das gleiche Stressniveau berührt jeden anders, und jeder wird anders damit fertig. Wenn man den Persönlichkeitstyp erkennt, kann man gezielter und effektiver Hilfe gewähren.

81 Regen Sie an, Probleme als Chancen zu sehen.

82 Respektieren Sie andere Ansichten – Sie haben nicht immer Recht.

Typen erkennen

Untersuchungen in den 60er Jahren über die Auswirkungen von Stress ergaben, dass einige Patienten mit ähnlicher Mentalität stärker zu Herzerkrankungen neigten. Das war der so genannte Typ A; Menschen mit geringerem Risiko wurden Typ B zugerechnet. Erstere sind aggressiv und ehrgeizig und daher eher in verantwortlichen Positionen zu finden. Ob ihre Gesundheit gefährdet ist, weil sie aufreibende Jobs haben, oder ob diese Jobs ein Typ-A-Verhalten begünstigen, ist nicht geklärt.

Persönlichkeiten von Typ A und Typ B

Hier sind einige der typischen Merkmale und Verhaltensmuster aufgeführt, die die Persönlichkeitstypen A und B aufweisen. Den reinen Typ A oder Typ B gibt es selten – viele Menschen haben Eigenschaften von beiden. Wer überwiegend zum Typ A gehört, ist unter Druck anfällig. Wenn Sie bei Kollegen Typ-A-Tendenzen feststellen, können sie stressgefährdet sein und sollten etwas dagegen unternehmen.

- Personen vom Typ A können folgende Eigenschaften zeigen: Ehrgeiz, Hast, Aggressivität, Ungeduld, Anmaßung, Perfektionismus, Ruhelosigkeit, Pünktlichkeit, Egozentrik.
- Personen vom Typ B können folgende Eigenschaften zeigen: Lustlosigkeit, Gelassenheit, Geduld, Ungezwungenheit, Entspanntheit, Zufriedenheit, Freude am Normalen.

STRESSVERHALTEN

Der Umgang mit Stress lässt zwei verschiedene Muster erkennen: anpassungsfähige und nicht anpassungsfähige. Wer sich anpassungsfähig verhält, geht wahrscheinlich auch positiv mit einem Problem um, spricht darüber und sucht aktiv nach Hilfe. Wer sich nicht anpassungsfähig verhält, verstärkt den Stress vielleicht, weil er seine Probleme abtut und zur Tagesordnung überzugehen versucht. Dieses Verhalten wird häufig mit Personen vom Typ A verbunden.

83 **Erkennen und suchen Sie stressfreie, einsatzfreudige Mitarbeiter.**

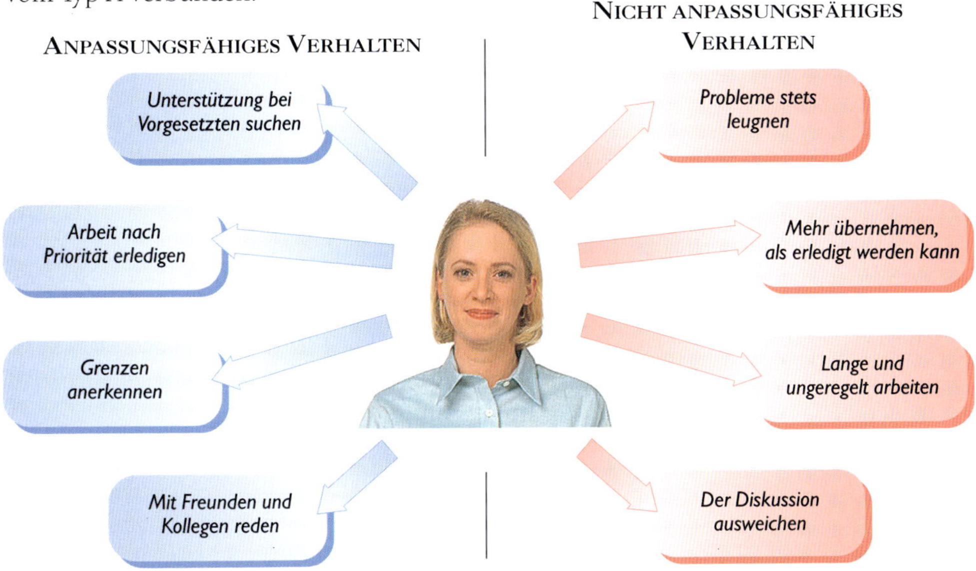

▲ **VERHALTEN ERKENNEN**
Anpassungsfähiges und nicht anpassungsfähiges Verhalten sind zwei Arten des Umgangs mit Stress. Nur mit ersterem können Probleme gelöst werden.

ÄNDERUNGEN BEMERKEN

Wenn sich Stress bei einem Kollegen zeigt, kann sich sein Verhalten ändern. Negative Eigenschaften können sich dramatisch verstärken. So kann z. B. jemand, der oft ungeduldig ist, einen Punkt erreichen, an dem er sich nicht mehr unter Kontrolle hat und destruktive Wutausbrüche die Folge sind. Achten Sie bei Kollegen auf solche Warnsignale.

84 **Raten Sie Kollegen, sich immer nur auf eine Aufgabe zu konzentrieren.**

ANDEREN HELFEN

Wenn Sie erkannt haben, dass jemand unter Stress steht, und auch die Gründe kennen, beginnt der schwierigste Teil: Sie sollten dem Betreffenden klar machen, was Sie beobachtet haben, und ihn zu Korrekturen seines Verhaltens bewegen.

85 Notieren Sie sich Situationen, die bei Kollegen Stress auslösen.

SPANNUNGSBEREICHE ERKENNEN

Seien Sie sich immer der Arbeit bewusst, die die Beschäftigten täglich, wöchentlich, monatlich und jährlich erledigen müssen. Sie verstehen dann den Druck besser, unter dem sie stehen können. Spannungen können sich aus der Rivalität zweier Kollegen ergeben, deren Arbeit ähnlich ist oder sich überschneidet. Meistens brauchen Sie sich über Spannungen aus Rivalität keine Gedanken zu machen. Halten Sie die Betroffenen an, das unter sich auszumachen. Wenn Sie merken, dass eine Situation zum Problem wird, verhindern Sie Rollenkonflikte, indem Sie klar sagen, was von jedem erwartet wird.

86 Wer zusammenarbeitet, sollte auch zusammenpassen.

ROLLENKONFLIKT VERHINDERN

BEZIEHUNGEN BEURTEILEN

Die persönlichen Beziehungen zwischen Kollegen sind in vieler Hinsicht genauso wichtig wie die beruflichen. Versuchen Sie als Manager festzustellen, wer mit wem gut auskommt. Sobald Sie ein klares Bild von den persönlichen Beziehungen ringsum haben, können Sie Teams aus Mitarbeitern aufbauen, die gut zusammenarbeiten.

87 Überlegen Sie, wer einem gestressten Kollegen helfen könnte.

HELFEN, STRESS EINZUGESTEHEN

Manchmal muss man ganz behutsam vorgehen, damit ein anderer seinen Stress einräumen kann. Soziale Beziehungen können zu Rollen und Hierarchien am Arbeitsplatz in Widerspruch stehen – gelegentlich kann es angebracht sein, einen Dritten hinzuzuziehen. Dann ist es nützlich zu wissen, wer mit wem gut auskommt. Ein diskretes Gespräch mit der Person kann viel ausrichten und ist, zumindest für den Anfang, eine hilfreiche Art, jemanden auf Stress aufmerksam zu machen. Dies verhindert, dass Aufsehen erregt wird. Die Situation kann noch gerettet werden. Klappt diese diskrete Methode jedoch nicht, kann ein direkteres Vorgehen notwendig sein.

88 Halten Sie Mitarbeiter an, sich gegenseitig zu helfen.

HINDERNISSE, STRESS ZUZUGEBEN

FÜR MANAGER

- Manager glauben gern, ihre Autorität beruhe darauf, unfehlbar zu erscheinen.
- Manager geben ungern zu, dass sie unter Stress stehen – aus Angst, es könnte ihrer Führungsrolle schaden.

FÜR KOLLEGEN

- Kollegen möchten vielleicht keine Schwächen vor anderen zeigen, damit das nicht ausgenutzt werden kann.
- Freundschaft leidet oft darunter, dass sich Kollegen als Rivalen fühlen.

FÜR MITARBEITER

- Mitarbeiter fürchten vielleicht, dass ihre Karriere leidet, wenn sie vor einem Vorgesetzten Zeichen von Stress erkennen lassen.
- Mitarbeiter möchten vor niemandem Schwäche zugeben.

ETWAS UNTERNEHMEN

Ist Stress erkannt und zugegeben, entwerfen Sie eine Strategie, die dem Betroffenen helfen kann. Fragen Sie Mitarbeiter und Kollegen, ob sie einen Vorschlag haben, wie der Stressgeplagte seine Arbeitsbelastung abbauen könnte, etwa indem er delegiert oder um Hilfe bittet. Sprechen Sie über alle denkbaren Schritte. Bejahen Sie vor allem Lösungen, bei denen der Gestresste nicht auf die Idee kommt, er würde andere im Stich lassen.

89 Bemühen sie sich, dass Ihre Sitzungen nicht länger als eine halbe Stunde dauern.

EINE PROBLEMLÖSUNG FINDEN

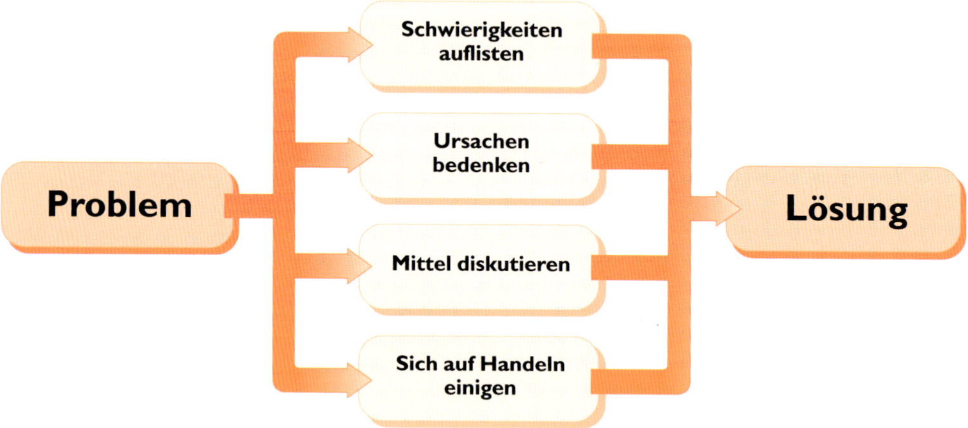

WISSEN UND ERFAHRUNG TEILEN

Man kann manchmal behutsam ein bestimmtes Handeln zum Abbau von Stress anregen, ohne anzudeuten, dass irgendjemand ein Problem hat. Jeder weiß z. B., dass Zeitmanagement Probleme verursachen kann, so dass man gut daran tut, seine Kenntnisse und Ideen zur Tagesplanung zusammenzulegen. Führen Sie offensiv zeitsparende Methoden ein und fördern Sie das Bewusstsein von Stressmustern. Machen Sie allgemeine Aussagen wie: »Ohne meinen Zeitplan käme ich gar nicht zurecht.« Machen Sie den Kollegen klar, dass jede gute Führungskraft ihre Hilfsmittel braucht. Erwähnen Sie Bereiche, die Sie persönlich belastend und stressig finden, und sprechen Sie allgemein über Lösungen, die für Sie erfolgreich sind oder waren.

ANDERE UNTERSTÜTZEN

Gelegentlich werden Sie andere unterstützen müssen, die mitten in einer kritischen Situation stehen. Gehen Sie ruhig und logisch vor:

- Sprechen Sie über die Probleme des Betreffenden und ermitteln Sie die Stressursachen – stellen Sie fest, ob das Problem mit der Arbeit oder persönlichen Dingen zu tun hat.
- Danach sprechen Sie über die Hilfe, die der Betreffende für die beste hält – sie kann arbeitsbezogen sein (Schulung), emotional (Beratung) oder medizinisch (Behandlung eines Leidens, das durch Stress verursacht oder verschlimmert wird).
- Helfen Sie den Betroffenen, die Hilfe zu finden, die sie brauchen. Seien Sie bereit, Alternativlösungen vorzuschlagen, falls sie mit Ihrem ersten Vorschlag nicht einverstanden sind.

90 Bitten Sie die Kollegen, Prioritäten für ihre Aufgaben zu setzen.

91 Unterbinden Sie beim Gespräch mit einem Kollegen jede Unterbrechung.

Setzen Sie sich dem Gestressten im rechten Winkel gegenüber.

Halten Sie die Körpersprache offen.

▼ **ZEIT ZUM ZUHÖREN NEHMEN**

Jedes Gespräch mit einem gestressten Kollegen oder Mitarbeiter sollte vertraulich sein und ohne Hast stattfinden. Erübrigen Sie so viel Zeit wie nötig.

ZU HAUSE AKTIV WERDEN

Arbeitsstress macht sich auch zu Hause bemerkbar und wirkt sich auf Familie und Freunde aus. Lernen Sie, sich zu entspannen, Interessen zu entwickeln und sich gesund zu ernähren.

SICH FREINEHMEN

Stress aus dem Büro mit nach Hause zu nehmen wirkt sich schädlich auf das Privatleben aus und umgekehrt. Es kann ein Teufelskreis ohne Ausweg entstehen. Damit Maßnahmen gegen Stress Erfolg haben, müssen sie durch Freizeit ergänzt werden.

92 Unternehmen Sie am Wochenende etwas sehr Entspannendes.

ZEIT FÜR ANDERE HABEN

Der erste Schritt gegen Stress zu Hause besteht darin, sich viel Zeit für die Familie zu nehmen. Machen Sie Ihrer Familie deutlich, dass Urlaub und freie Zeit mit ihr unantastbar sind. Zeigen Sie Freunden, dass sie Ihnen mehr wert sind als nur dann und wann ein Glas Bier am Freitagabend. Sorgen Sie dafür, dass man in der Firma Ihre Einstellung zu Ihrer Familie kennt. Das Schulfest Ihrer Tochter z. B. hat Vorrang vor der Arbeit. Kleinigkeiten sind oft wichtig: Bemühen Sie sich, regelmäßig mit dem Partner essen zu gehen oder mit Ihren Kindern draußen zu spielen.

▲ **FÜR SICH SEIN**
Wenn Sie sich in der eigenen Gesellschaft nicht wohl fühlen, sind Sie auf andere angewiesen. Lernen Sie, gern mit sich selbst allein zu sein.

EINEN ANTI-STRESS-TAG PLANEN

Die Welt wandelt sich schneller denn je, und das Tempo, mit dem das geschieht, setzt uns unter Druck. Stabile Zonen und »ruhige« Betätigungen werden immer wichtiger: spazieren gehen, den Hund ausführen, Rad fahren, ein Buch lesen, die Blumen gießen, den Wagen waschen oder sich eine TV-Serie mit vertrauten, berechenbaren Figuren ansehen. Zum Aufladen des persönlichen Akkus gibt es nichts Besseres als einen Anti-Stress-Tag. Nehmen Sie sich außer der Reihe einen Tag frei und planen Sie den Tagesablauf vorher, damit er nicht einfach ohne Effekt vorübergeht. Wenn Sie Kinder haben, bringen Sie sie zu Verwandten oder Freunden. Wenn Sie allerdings das Bedürfnis danach haben, beziehen Sie ihre ganze Familie in Ihre Entspannungspläne ein.

▲ **SICH BETÄTIGEN**
Sich körperlich zu betätigen ist stets gut gegen Stress. Betreiben Sie Sport ohne Wettkampfgedanken.

MORGEN

Sorgen Sie dafür, dass Sie ausschlafen können und ohne Wecker aufwachen. Springen Sie nicht aus dem Bett, sondern genießen Sie die Aussicht auf den bevorstehenden Tag. Machen Sie nach dem Aufstehen ein paar Minuten leichte Dehnübungen. Trinken Sie ein Glas Wasser, bevor Sie ausgiebig frühstücken.

TAGESPLANUNG

Für den einen ist ein zwangloser Tag auf dem Golfplatz das Schönste, ein anderer zieht vielleicht einen ausgedehnten Spaziergang, einen Einkaufsbummel und ein gemütliches Essen mit einem guten Freund vor. Lassen Sie den Wagen möglichst stehen, laufen Sie, nehmen Sie das Rad oder ein öffentliches Verkehrsmittel.

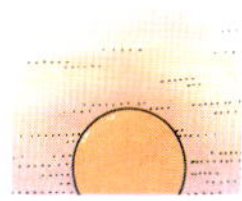

FRÜHER ABEND

Widerstehen Sie der Versuchung, sich die Nachrichten anzusehen. Bei der Behandlung von Stress sind keine Nachrichten gute Nachrichten. Heute ist für Sie nicht wichtig, was in der Welt passiert – sie dreht sich auch ohne Sie weiter. Lesen Sie etwas, hören Sie bewusst Musik oder gehen Sie ins Kino.

ABEND UND NACHT

Verwöhnen Sie sich, nehmen Sie z. B. ein Vollbad. Hören Sie Musik, während Sie sich für ein gemütliches Abendessen anziehen. Nehmen Sie ein Taxi und hetzen Sie nicht. Wenn Sie nach Hause kommen, trinken Sie eine Tasse Kräutertee statt Alkohol, bevor Sie zu Bett gehen. Versuchen Sie, nicht an die Arbeit zu denken.

ENTSPANNEN LERNEN

Völlig entspannen heißt nicht einfach, nichts zu tun, sondern bewusst loszulassen. Es ist eine Methode, die leicht zu erlernen ist. Nehmen Sie sich Zeit für ein paar einfache Übungen und Sie werden sehen, wie angenehm es ist, zu entspannen.

93 Lesen Sie ein amüsantes Buch. Lachen hilft zu entspannen.

EINFACH ENTSPANNEN

Es ist nicht immer einfach, sich zu Hause zu entspannen. Da sind Dinge zu erledigen, das Telefon klingelt und vielleicht ist Ihre Familie auch manchmal nervig. Suchen Sie sich einen ruhigen Ort zu Hause und nehmen Sie sich Zeit für die einfache Entspannungsübung auf dieser Seite. Vielleicht machen Sie sie morgens vor dem Frühstück oder abends, bevor Sie zu Bett gehen. Tragen Sie leichte, lockere Kleidung, die Sie nicht behindert. Legen Sie eine Matte oder eine dicke Decke auf den Boden und ein kleines Kissen. Legen Sie sich auf den Rücken und beginnen Sie mit der Übung.

94 Essen oder trinken Sie vor dem Schlafengehen nicht zu viel.

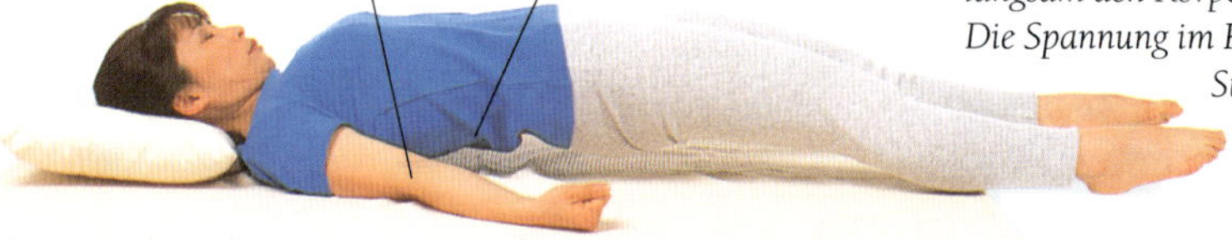

▼ 1. RÜCKENMUSKELN ANSPANNEN
Flach auf den Boden legen und die Arme neben sich ausstrecken. Mit Hilfe der Schulter-, Rücken- und Gesäßmuskeln langsam den Körper vom Boden heben. Die Spannung im Körper spüren und die Stellung fünf Sekunden beibehalten.

2. KÖRPER LOCKERN ▶
Den Rücken langsam auf den Boden sinken lassen und langsam und tief atmend entspannen. Einige Male wiederholen.

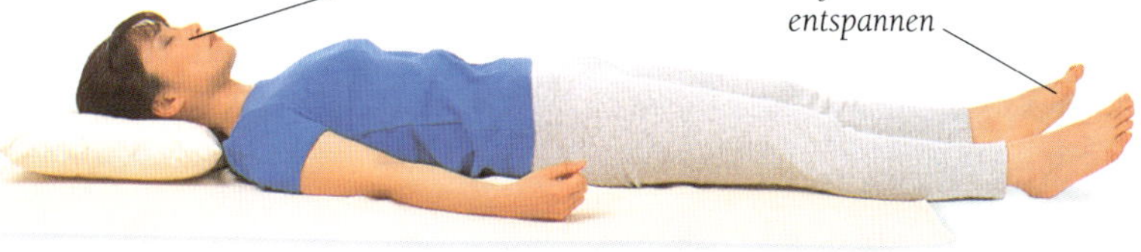

MEDITIEREN LERNEN

Seit Jahrhunderten wird Meditation als Mittel gegen Anspannung genutzt. Setzen Sie sich mit gekreuzten Beinen aufrecht auf den Boden, die Arme auf den Oberschenkeln, die Handflächen nach oben. Schließen Sie die Augen, atmen Sie durch die Nase und konzentrieren Sie sich auf die Luft, die ein- und ausströmt. Bleiben Sie einige Minuten sitzen. Nach einiger Zeit spüren Sie, wie die Spannung weicht.

RUNTERKOMMEN ▶
Ziel des Meditierens ist es, einen Zustand ruhigen Bewusstseins zu erreichen. Auch wenn es Ihnen zunächst schwer fällt, nichts zu tun, machen Sie weiter.

HILFE SUCHEN

Wer Schwierigkeiten mit dem Entspannen hat, findet vielleicht eine der folgenden Entspannungstherapien hilfreich:

ALEXANDER-TECHNIK: Hilft, den Körper so zu benutzen, dass Schmerzen, Stress und Verletzungen gering bleiben.

AROMATHERAPIE: Wirkt auf Körper und Seele mit ätherischen Ölen wohltuend.

FLOTATION: Dabei entspannt man in einer Mineralsalzlösung.

SHIATSU: Japanische Heilmassage, die mit Druck und Dehnung arbeitet.

BESSER SCHLAFEN

Jeder Mensch hat ein anderes Schlafbedürfnis. Bei Erwachsenen sind es durchschnittlich sieben bis acht Stunden pro Nacht, viele Arbeitsbesessene behaupten jedoch, mit vier oder fünf Stunden auszukommen. Stress kann bewirken, dass wir längere Zeit weniger und schlechter schlafen als nötig. Entspannen Sie sich, bevor Sie zu Bett gehen. Stellen Sie mindestens zwei Stunden vorher alle anregenden Aktivitäten ab, insbesondere die Arbeit. Versuchen Sie zu meditieren. Lesen Sie etwas Leichtes und Amüsantes. Hören Sie Musik oder sehen Sie notfalls auch fern. Trinken Sie ein warmes Milchgetränk oder beruhigende Kräutertees, etwa Kamille, Baldrian oder Passionsblume.

95 **Wenn Sie sich zum Entspannen hinlegen, beginnen Sie bei den Zehen und arbeiten Sie sich langsam nach oben vor.**

INTERESSEN ENTWICKELN

Eine ausgeglichene Lebensart ist für unser Wohlbefinden unentbehrlich. Körperliche Betätigung wie Joggen oder Tennis kann den Geist konzentrieren und die äußeren Stresssymptome verringern, während Hobbys wie Malen innere Ruhe geben.

96 Beschäftigen Sie sich jeden Abend mit etwas Angenehmem.

97 Überlegen Sie, ob Sie mit Kollegen zusammen Sport betreiben wollen.

NEUE HOBBYS

Wählen Sie eine Betätigung, die Ihnen wirklich Spaß macht, um den Stress zu bekämpfen. Die richtige Freizeitbeschäftigung kann so fesseln, dass Sie abschalten. Ein Hobby fördert auch die Selbstachtung. Nach einem schlimmen Tag im Büro ist es hilfreich, sich bei einer Beschäftigung zu »verlieren«. Bei einigen ist das Hobby sogar zum Lebensunterhalt geworden: Wirtschaftsprüfer arbeiten als Barkeeper, Anwälte haben sich dem Restaurieren von Möbeln zugewandt. Viele Menschen kombinieren Hobby und Urlaub, machen etwa eine Radtour durch Holland, spielen Golf in Portugal oder unternehmen eine Studienreise in die Tier- und Pflanzenwelt Mittelamerikas.

◀ **BEIM HOBBY ENTSPANNEN**
Denken Sie daran: Ein Hobby soll Vergnügen sein, keine Pflicht. Malen Sie nur dann, wenn Ihnen danach ist. Wenn Sie nicht die Zeit finden, den Kunstkurs abzuschließen, ärgern Sie sich nicht. Sie sollten vor allem Spaß dabei haben.

MEHR SPORT TREIBEN

Sport gilt allgemein als gutes Mittel gegen Angst und für gesunden Schlaf. Doch Vorsicht, denn wer stark gestresst ist und intensiv Sport treibt, ist verletzungsanfällig. Beginnen Sie schrittweise und steigern Sie das Pensum regelmäßig. Berücksichtigen Sie bei der Planung Ihrer sportlichen Aktivitäten die Zeit für Fahrt, Umziehen und Duschen. Einige Sportarten wie Tennis und Golf verbinden körperliche Betätigung mit sozialer Aktivität – die ihrerseits stressmindernd wirkt. Flottes Gehen, Schwimmen und Aerobic kräftigen das kardiovaskuläre System. Die Tabelle unten zeigt die Wirkung verschiedener Sportarten auf Ausdauer, Beweglichkeit und Kraft. Wählen Sie sich daraus die Sportart, die Ihnen am meisten zusagt.

98 Machen Sie Ferien, in denen Sie Ihrem Hobby nachgehen.

99 Wenn Sie eine neue Sportart betreiben wollen, beginnen Sie mit ein paar Trainerstunden.

★ ★ ★ ★ *Hervorragende Wirkung*
★ ★ ★ *Sehr gute Wirkung*
★ ★ *Gute Wirkung*
★ *Minimale Wirkung*

DIE RICHTIGE SPORTART WÄHLEN

AKTIVITÄT	AUSDAUER	BEWEGLICHKEIT	KRAFT
BASKETBALL	★ ★ ★	★ ★ ★ ★	★ ★ ★
SKI FAHREN	★	★ ★	★ ★
RAD FAHREN	★ ★ ★ ★	★ ★	★ ★ ★
GOLF	★ ★	★ ★	★
LAUFEN	★ ★ ★ ★	★ ★	★ ★
FUSSBALL	★ ★ ★	★ ★ ★	★ ★
SQUASH	★ ★ ★ ★	★ ★ ★ ★	★ ★ ★
SCHWIMMEN	★ ★ ★	★ ★ ★	★ ★ ★
TENNIS	★ ★ ★	★ ★ ★	★ ★
GEHEN	★ ★	★	★ ★

GESUNDE ERNÄHRUNG

Man ist, was man isst. Im Stress stopfen wir uns oft mit Schnell- und Fertiggerichten voll, die dem Körper wenig Vitalstoffe geben. Nur mit gesunder und ausgewogener Ernährung, mit Vitaminen und Vitalstoffen können Sie Stress erfolgreich vermindern.

100 Beginnen Sie den Tag mit einem gesunden Frühstück, z. B. Müsli.

▲ **AUSGEWOGENES ESSEN**
Warum bereiten Sie nach der Arbeit kein nahrhaftes Nudelgericht zu, statt ein Fertiggericht aufzuwärmen? Es geht genauso einfach und schnell wie Fastfood, ist sehr viel gesünder und schmeckt auch besser.

ALLTÄGLICHE »SÜNDEN«

Wenn Sie einmal darauf achten, was Sie konsumieren und wann, werden Sie wahrscheinlich einige schlechte Gewohnheiten entdecken, die sich eingeschlichen haben. Aus dem einen Glas Wein zum Essen wird schnell eine Flasche, die Pizza einmal in der Woche wird zum täglichen Gericht. Bemühen Sie sich um ausgewogenes Essen und ersetzen Sie Fertiggerichte durch gesündere Alternativen. Fettreiche Nahrungsmittel schaden dem Organismus: Vermeiden Sie gesättigte Fette, wie sie z. B. in Fleisch, Käse und Butter vorkommen. Verwenden Sie natives Oliven- oder Sonnenblumenöl. Essen Sie viel Salat und Gemüse. Naschen Sie untertags lieber Obst als Schokolade. Trinken Sie täglich mindestens zwei bis drei Liter Flüssigkeit, z. B. Wasser, Fruchtsaft oder Kräutertee.

TUN UND LASSEN

- ✔ Essen Sie lieber mehrere kleine Mahlzeiten am Tag statt einem großen Hauptgericht.
- ✔ Versuchen Sie, Ihr Idealgewicht zu erreichen und zu halten.
- ✔ Ernähren Sie sich vollwertig und vielseitig.
- ✗ Naschen Sie nicht zu viel Süßes, denn Zucker entzieht dem Körper Nährstoffe.
- ✗ Vermeiden Sie jedes Salz beim Essen.
- ✗ Essen Sie statt Weißbrot lieber Vollkornprodukte.

101 Essen Sie Obst, wenn Sie zwischendurch Hunger bekommen.

WICHTIGE BESTANDTEILE EINER GESUNDEN ERNÄHRUNG

BESTANDTEILE	GUTE QUELLEN
VITAMINE UND MINERALIEN Ohne ausreichend Vitamine arbeitet der Körper nur auf Sparflamme. Jeder Mensch benötigt täglich 13 Vitamine. Viele Vitamine arbeiten mit Mineralien und Spurenelementen zusammen.	*Vitamin A findet sich reichlich in Karotten. Zitrusfrüchte, Sanddornsaft und schwarze Johannisbeeren enthalten viel Vitamin C. Generell bieten rotes und grünes Gemüse, Getreide, Milch und Milchprodukte die höchsten Anteile von Biostoffen.* 
KOHLENHYDRATE Zu dieser großen Nährstoffgruppe gehören Zucker und Stärken. Ernährungswissenschaftler empfehlen, dass gesunde Nahrung aus 50 bis 55 Prozent komplexen Kohlenhydraten bestehen sollte.	*Kohlenhydrate finden sich als »Einfachzucker« z. B. in Traubenzucker, Honig und Früchten, als »Zweifachzucker« z. B. in Milch, Milchprodukten und Ahornsirup und als komplexer »Mehrfachzucker« z. B. in Getreide, Vollkornprodukten, Kartoffeln, in Leber und Muskelfleisch.* 
PFLANZLICHE EIWEISSE Der Körper braucht Eiweiß zum Zellaufbau und zur Produktion von Enzymen und Hormonen. Der tägliche Eiweißbedarf sollte zu 40 Prozent aus tierischen und zu 60 Prozent aus pflanzlichen Lebensmitteln gedeckt werden.	*Gute Lieferanten für pflanzliches Eiweiß sind Erbsen, Bohnen, Getreide, Linsen, Nüsse, Soja und Kartoffeln. Rein vegetarische Ernährung führt zu Mangelversorgung mit schwefelhaltigen Aminosäuren. Vegetarier sollten daher viel Nüsse und Getreide essen.* 
TIERISCHE EIWEISSE Tierische Eiweiße liefern zusammengesetzte Proteine. Sie enthalten alle wichtigen Aminosäuren, die der menschliche Körper braucht. Am besten essen Sie einmal wöchentlich ein Fischgericht.	*Rotes Fleisch enthält tierische Eiweiße, die für das Funktionieren des Körpers unentbehrlich sind. Diese Eiweiße finden sich in Geflügel, Eiern, Milch und Milchprodukten wie Buttermilch, Joghurt, Quark, Käse und Butter. Fisch liefert besonders hochwertiges tierisches Eiweiß.* 
FETTE Fette sind die Energieeinheiten in der Nahrung und für den Körper unentbehrlich – gesunde Nahrung sollte etwa 30 Prozent Fett enthalten. Meist jedoch nehmen wir zu viel Fett zu uns.	*Fisch, Pflanzenöle und Avocados enthalten viele mehrfach ungesättigte Fettsäuren. Butter, Fleisch, Eier, Sahne und Vollmilch enthalten viele gesättigte Fettsäuren, die für den Körper schwerer zu verarbeiten und nicht so gesund wie ungesättigte Fettsäuren sind.* 

REGISTER

DANK

DANK DES AUTORS

Bei der Entstehung dieses Buchs brachten viele Menschen ihr Wissen ein. Besonders erwähnen möchte ich die Redaktion von Dorling Kindersley und meine Assistentin Jane Williams.

BILDNACHWEIS

Der Verlag dankt folgenden Organisationen und Personen für die Genehmigung zum Abdruck ihrer Fotos:

m = Mitte, o = oben, u = unten, r = rechts, l = links

Collections: 32ml
The Imagebank: 25mr, 33ml
PowerStock PhotoLibrary: 63or
The Stockmarket: J.M. Roberts 20ul
Telegraph Colour Library: 66ul
Tony Stone Images: 4–5, 31ur, 62ur

BIOGRAFIE DES AUTORS

Der Wirtschaftsjournalist **Tim Hindle** gründete »Working Words«, eine Beratungsfirma mit Sitz in London, die sich auf Unternehmenskommunikation und Marketing spezialisiert hat. Seit 1979 schreibt er für die Zeitschrift *The Economist*, von 1994 bis 1996 war er Herausgeber von *EuroBusiness*. Tim Hindle ist Autor und Mitherausgeber mehrerer Bücher. Bei Dorling Kindersley liegen von ihm in der Reihe *Basiswissen Fit im Job* folgende Titel vor: *Erfolgreich verhandeln*, *Einstellungsgespräche* und *Zeitmanagement*.